クラスで気になる子の支援

ズバッと解決ファイル

対談編 3

達人と学ぶ！

ライフステージを見据えたかかわり

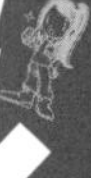

阿部利彦 編著

金子書房

はじめに──またまた『ズバッと解決ファイル』

　大学時代の私は、菅野純先生にご指導いただきながら「先生は研究者というより、まず臨床家だなあ」といつも感じていました。その感じ方を先生はどうおっしゃるかわかりませんが、臨床家の先生からの実践的な学びのおかげで、その後の相談活動で私は何度も救われました。臨床の基本に立ち返ろうとするとき、菅野先生の言葉はその道しるべになるでしょう。

　大学院を出て最初の職場でお世話になったのが、梅永雄二先生でした。特に自閉症者の就労支援を通じて、受容や共感だけでは支えられない方々の支援の視点を学ばせていただきました。就労支援で学んだことは、すべて教育にも活かすことができることを実感しています。

　その後教育相談員を経て、新たに所沢を拠点に仕事を始めたときに出会ったのが坂本條樹先生です。もし坂本先生が各地域の通級に一人ずついてくれたなら、どれだけ多くの子どもたちが救われるのだろう、いつもそんな空想をしてしまいます。アセスメントとエビデンスに基づく支援、そして子どもを楽しませるセンス、多くの先生方にその技を盗んでもらいたいと思います。

　坂本先生の通級のスーパーバイザーとして、専門家チームの仲間として、また学生ボランティアの指導者としてお仕事をご一緒させていただくようになったのが藤野博先生です。藤野先生から学びたいことはたくさんありますが、特にソーシャルスキルやレジリエンスについて、とことん語り合いたいと願っていたことが本書で実現できました。

川上康則先生については、私にとってあまりに身近な存在で（川上先生はどう思われているかわかりませんが）、私の考えていることはだいたい川上先生も同じように感じておられるように思います。特別支援学校の先生という枠を超えてさまざまな地域で講演活動をされている川上先生とは、今一度現場の実践の振り返りをしたいと考えていました。

原口英之先生は、井上雅彦先生のお弟子さんというよりもまず同じ学部の菅野ゼミの後輩として出会ったのが最初です。臨床的な視点と研究の視点のバランスが絶妙な原口先生の、就学前のお子さんの支援の実践・研究から、私は多くを学ばせていただいています。

井上雅彦先生はご著書からもたくさん学ばせていただいていましたが、原口先生を通じてご縁ができました。井上先生とはＮＨＫのお仕事などで何度もご一緒させていただいています。今回は、新・達人としてお招きし、先生の幅広い実践研究の中から、特にペアトレに焦点化して対談させていただきました。

さて、私は、子どもの「いいところ」を大切にする支援によって自尊感情を高められないかと常々考えているのですが、それを理論的に追究していくことに限界を感じていました。そんなとき、ＬＤ学会でお話を拝聴し「この先生から学びたい！」と思い、新・達人としてお声をかけさせていただいたのが小島道生先生です。自尊感情についての我々の思い込みを正していただきながら、より客観的で具体的な支援のあり方を一緒に探究していきます。

同じくＬＤ学会でお話をうかがい、感激したもう一人の新・達人が宇野宏幸先生です。さりげないユーモアと、ときにメジャーな、ときにマニアックな話題で聞き手をひきつける技からも学ぶところが数多くあります。宇野先生は教育のユニバーサルデザインから一歩進んだ、インクルーシブデザインという考えを提唱されており、今回はそのあたりを深めてみたいと考えました。

四人目の新・達人である松久眞実先生。私は講演を何度も拝聴し、「かっこいい先生だ」と一方的に憧れていたのですが、学会での出会いを通じて、今では何度も一緒にお仕事をさせていただいています。数々の荒れた現場を立て直してこられた実戦経験からのご提案には、すぐに活かせるヒントがちりばめられています。

そして、角張憲正先生とは、私が教育相談員になった年に衝撃の出会いをしました。自閉症に対してどこまでも優しく、支援者に対しては徹底的に厳しい先生。ある意味、菅野先生とは対照的な存在の角張先生からは、臨床家としての鋭さを学ばせていただいた気がします。

本書は、幼児期から成人期に向けての支援に関して素晴らしい実践をされている達人の先生方から大切なポイントを対談形式で学んでいこうという試みです。本書を通じ、私が先生方と出会ったときの衝撃や喜びを読者の皆さまと共有できたなら大変うれしく思います。

阿部　利彦

目次

はじめに i

第Ⅰ部 「気になる子」への支援の基本を学ぶ

file 1 特別支援教育と教育相談・生徒指導をつなぐ
——ラポールを築きにくい子どもとのかかわり
菅野 純×阿部利彦 3

file 2 感覚統合の視点で子どもの「つまずき」をとらえる
川上康則×阿部利彦 17

file 3 授業のユニバーサルデザイン（UD）からインクルーシブデザイン（ID）へ
宇野宏幸×阿部利彦 31

file 4 「気になる子」の発達心理学と発達支援
藤野 博×阿部利彦 43

第Ⅱ部 ライフステージから見る「気になる子」への支援

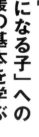

file 5 発達障害のある成人の支援と人的環境のユニバーサルデザイン 梅永雄二×阿部利彦 65
file 6 思春期・青年期の「気になる子」への支援 小島道生×阿部利彦 91
file 7 「気になる子」を持つ親や家族への支援 井上雅彦×阿部利彦 111
file 8 通級指導教室で行う支援 ――アセスメントから教材づくりまで 坂本條樹×阿部利彦 147
file 9 「気になる子」のいるクラスの学級経営と集団指導 松久眞実×阿部利彦 175
file 10 保育現場での「気になる子」へのアセスメントと支援 原口英之×阿部利彦 199

第Ⅲ部 「気になる子」の支援の基本に立ち返る

file 11 子どもと家族を支援するための心得 角張憲正×阿部利彦 223
おわりに 242

本文デザイン　mg-Okada（岡田真理子）
本文イラスト　べに山べに子

第Ⅰ部 「気になる子」への支援の基本を学ぶ

第Ⅰ部では、クラスにいる「気になる子」の支援や、さまざまな子どもたちのいるクラスでの授業づくり・学級づくりのために必要な、カウンセリングや学級相談の基礎・基本、子どもたちの身体活動のつまずきの背景にあるものについての基本知識、認知的な視点からのアプローチの理論と方略、レジリエンス、心の理論などの発達心理学や、ソーシャルスキルといった発達支援について学びます。

1 file

特別支援教育と教育相談・生徒指導をつなぐ

──ラポールを築きにくい子どもとのかかわり

菅野　純
阿部利彦

大人への不信感を抱いている子へのアプローチ

阿部　相談に行かされてはいるものの、本当は相談の必要性を感じていない、あるいは相談に否定的な児童・生徒が来る場合があります。相談意欲が低い子どもとは、相談者と信頼関係を深めたり、相談を継続していったりすることがなかなか難しいと感じます。相談意欲が低いと一口に言っても、大人に不信感を持ち反抗的な子、自分自身に困っている意識がない子、あきらめている子などいろいろなタイプがあると思いますが、今回は、非行などの反社会的行動があり、大人への不信感を抱いているような子について話し合いたいと思います。そういうタイプの子は、話を深めようとしても会話のやりとりが続かないことが多く、相談にも否定的なので続けて足を運んでもらうことが難しいわけですが、どのようなアプローチで臨めばよいのでしょうか。

菅野　その子の根にある大人への不信感を向けられたときに、つい先生方がカッとなってしまうことがありますよね。不愉快に感じるのは仕方がないけれども、そこで子どもと対等に張り合おうとしたりすると、関係を作っていくのは難しいのではないでしょうか。

阿部　菅野先生はいつも「そうならざるを得なかった何かに心を寄せてみる」とおっしゃっていますよね。まさに、そういう態度をとらざるを得ない何かを感じとってあげることが重要なんだと思います。でも、やっぱりムカッとはしてしまいますね。

菅野　長い時間かかって形成された不信感だから、急に「大人を信じろ」なんて言ってもすぐに変われるものじゃない。でも、子どもたちはまだ成長途上だから、いろいろな出会いによって変化する可能性はいっぱいある、ととらえてみてはどうでしょう。その結果として、大人に信頼を寄せる部分が少しでも出てくれればいいな、くらいに思っておく。あまり要求水準を高くしない方がいいと思うんですよね。

阿部　いったん刻まれた大人への不信感というのは、なかなかぬぐえないと思うのですが、それをどうやって緩和してあげればよいのでしょうか。

菅野　反社会的問題行動などは、男子が多いと思うんですが、中学生くらいの男の子は「言葉での関係」というより、アクションというか、「行動を通しての関係」が必要だと思います。女子は言葉の発達が早いから、言葉でいじわるしたり、言葉で人間関係を操作したりすることが多い。だから言葉を媒介としたカウンセリングでの関係も作りやすい。でも男子は、部活など一緒に体を動かす作業のような「活動を媒介とした関係」の方が作りやすいですね。中学生になれば、言葉による指導が主になるわけだけど、大人不信の子どもは、もともと大人の言葉を信じないという面が強いわけだから、先生の言葉だけの指導では効果が出にくいよね。

阿部　一緒に体を動かす、ともに汗を流す、そうやって同じ時間を過ごすことがきずなを深めていくんですよね。そういう子どもとうまく信頼関係を築ける先生というのは、体を使った接し方

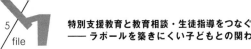

が自然と身についておられて、いつも感心させられます。

菅野　私が教育相談員だった頃、そんな子には相談の合間に何かしら手伝いをしてもらっていました。おもちゃの修理や棚の塗り替え、棚の移動とか、体を使って一緒にすることが案外いいんです。もちろん一緒に卓球したりもいいですが、さらにもう少し身体に負荷をかけ、クライミングボードなどを使って、挑戦できる要素を持った活動も取り入れていましたね。

阿部　反社会的な行動をとる子と一緒に汗を流して労働する取り組みをされている、教頭先生や庁務手さんがいらっしゃいますね。活動を通じて子どもが心を開いてくれ、いい方向に変化してくれる。手伝いをしてもらえば、たくさん褒めてあげることもできますしね。勉強以外に打ち込めることが見つかれば、不良っぽい子も真剣に取り組む姿を見せてくれます。もともとエネルギーはたくさん持っている子が多いですから、自分の興味関心のあることや、自分の生活に必要なことに対しては、スイッチが入れば大きな力を発揮してくれることがありますね。

菅野　自動車学校などでは、ヤンキー風の子たちも運転免許を取るためにとても真剣な顔をしているよね。身近なところに目的があるというのは、とてもいいことだなあと思います。あと、早めの進路指導として、「今のうちに将来に必要な資格の勉強をしておこうよ」といった働きかけも有効ですね。例えば中学生でも、運転免許を取るという設定をして教習用のテキストを読んでみる。「このテキストが読めないと免許は取れないよ」と言うと、漢字の読みも覚えるし、勉強していることが自分の将来につながることも実感させられます。

阿部　先日ある中学校に行ったところ、両親が外国人で礼儀とか男気とかそういう感覚が通じない、乱暴な不良の男の子がいたんですね。その子は普段授業に全く参加しないんですが、調理実習の時間だけは自分から一生懸命取り組むそうなんです。彼には、そういう面があるだけまだ変わるチャンスがあるのかなあと思いました。真剣に取り組めるところを見つけてあげて、そこを大事な足がかりとして褒めていけば、他にもまじめに参加できる場面が増えるかもしれないと思うんです。

菅野　この子はこの分野で意欲を見せる、と気づけることが大事です。この場合は、調理実習があることがよかったんですね。座学以外に、体育の柔道の授業だとかダンスの授業、体育祭の棒倒し競技など、ちょっとでも意欲を示すことは何だろうという目で見る。そういうことが見つけやすい活動のレパートリーが学校にたくさんあるといいなと思います。

阿部　掃除もあるし、年間を通していろいろな行事もあるわけですから、幅広い活動の機会を自覚的に作っていくということと、同時に、大人側が子どもの小さな意欲も見つけてあげられるような目を持つことが大事なんですね。

菅野　ただ、せっかく意欲を示す場面を発見したのに、「調理実習は一生懸命やるんだけど、漢字の勉強はなあ……」とまたそこに戻ってしまい、発見が活かされないということがよくありますね。私たち大人は子どもに苦手な課題を要求してしまうところがあるけれども、それは違うんじゃないかなと思います。人というのは、何か意欲のかけらのようなものがあれば、それを膨らませていくことができる、それを助けるのが教育の力なんじゃないか。そこからいろんなものに派生するわけです。今の時代、人は小さな趣味を中心に相当なことが勉強できるんじゃないかな。

阿部　小さなことや身近なことを核として、少しずつ広げていくということですね。

菅野　問題なのは、そういったものと学校で求められるものや教科指導がなかなか一致できないという苦しさだよね。相談室の中では他の課題がないから、広げるということはすんなりできるけれども、学校では定期試験や、やるべき課題があるわけですね。その見極めが必要じゃないかと。例えば学業でも、ここところだけはとにかく覚えなさい、みたいな形で、カリキュラムの中を限定してあげて、手ごたえをつかませたいなという感じはしますね。

阿部　反社会的な子も、発達障害のある子も、たくさんの情報の中からポイントをつかむ、とか、バランスよく学ぶということは苦手ですから、教えることを焦点化することはとても重要ですね。

菅野　反社会的な子というのはいろいろな側面があって、大人のあしらい方や態度の使い分けも上手だったりするので、好きな先生の前ではいい子、嫌いな先生の前では悪態をつくなど表裏のある態度をとるとか、約束を守らない、人を裏切る、感謝の気持ちが持てないとかマイナスの形で表れてくることもある。それをこちらがどう受けとめるか。人間のクズだ、みたいな形でとってしまうのか、それとも、そんなふうにならざるを得ない人生だったんだろうなと思って、その一つでもプラスに変換する、というか違うものになってほしいと願うか、その違いは大きいと思います。たとえその子が自分をだまそうとしているなとわかったとしても、それによってその子を嫌いにならないようなこちらの心の持ち方が大事なんです。

阿部　私たち大人が、子どもたちの行動をある程度の余裕を持って見てあげないといけないですね。そのためには教師間の支えあいが大切、と困難校の先生方はおっしゃっていました。先生が協力し合い少しでも心を穏やかに保つことで、子どもにゆとりを持って接することができる、と。先生同士の信頼関係があってこそ、児童・生徒とのきずな作りができるんですね。

子どもが家庭内の深刻な問題を打ち明けてくれたとき

阿部　さて、そうやって大人不信のある子どもとようやく信頼関係ができてきたなというとき、子どもが家庭内の深刻な問題を打ち明けてくれることがあります。こちらで抱えられないほど問題が大きい場合、家庭内には手を出せず、無力感を感じてしまいます。心理職だとそのあたりの線引きは明確にできるのかもしれませんが、学校の先生としてはどう対応したらよいのか、悩むところだと思います。それについてはどうお考えになりますか？

菅野　子どもの背後につらい生育歴や大きな家庭の問題が隠れていて、反抗的態度や非行などが氷山の一角であった場合、そういう問題の深さを知ったところで、もう一度現実に立ち返れる力が大事だと思うんです。先生が責任を持って子どもと関われる時と場というのは、やっぱり教室であり学校なんです。だから子どもの背景は理解しながらも、先生は自分の持ち場をしっかり守るというスタンスでいいんじゃないかな。学校で少しでもいい体験をさせてあげて、その子の人生にいい〝記憶〟を与える。そのいい〝記憶〟作りに役立ちたいという気持ちで関わるのです。子どもの過去の記憶を直したり、家庭環境を変えたりは誰にもできません、その子が越えるしかない現実なんです。私たちにできるのは、乗り越えるための希望のようなものを与えることなんだと思います。

阿部　子どもが、「先生にだけは教えるけど秘密にしてほしい」と、非行事案に関わるようなこと、例えば、喫煙や万引き、援助交際、傷害行為などがありますが、そんな警察と一緒に対処しなければならないようなことを打ち明けてくるときがありますね。その重さにもよるとは思いますが、どう対応すべきでしょうか。

菅野　「先生だから話すけど」といった言い方をする子どもの心理として、一つはそういう形で相手と強く結びつきたい、先生と特別な関係になりたいという気持ち、二つめはある特定の先生に情報提供することで、自分の責任を転嫁しようとする気持ち、三つめは先生への支配というか、自分の不利な状態を有利にしようとする気持ちなどが背景に考えられるのではないでしょうか。

阿部　なるほど。

菅野　ですから、大人側が子どもの側の嘘を見抜いたりする賢さや洞察力を持っていなければなりません。だからといって、子どもの言うことを何でも疑ったり悪くとらえたりして「人が悪く」

なってはダメで、子どもの言うことをまずは信じ、子どものよさを感じ取る「人のよさ」を持つことが大事だと思います。それは「お人好し」になるという意味ではないのです。子どもの表面的言動とその言動の背後にある気持ちや現実をしっかりと見据え、子どもの「よく生きたい」という気持ちに働きかけることなのです。

阿部 疑ったり、嘘を言い当てたりするのではなくて、大人はあくまで人を信ずる姿勢を見せていく、人のよさを示すことが大事ということでしょうか。

菅野 その告白にどういうメッセージが込められているのかを読み取り、秘密を抱え込むことが本人にも不利になるなら、その場で言ってあげてもいいですね。例えば、喫煙なら、「喫煙すると体にも悪いし、人には見下されるような扱いを受ける、君には見下されるような人間になってほしくないから、喫煙を自分でやめた方がいいと思う」という具合に。

阿部 まずはその子の自己コントロール力に働きかけてみるのですね。

菅野 君のその行いが自分の価値を低める行動だと気づいてほしい、と言っていくことは大事な指導です。「君にタバコをやめる自信がなければ、学校全体でなんとか指導してやめさせるように動くのが当然だから、先生は他の先生にも話すからね」と告げます。

阿部 最初に打ち明けられた時点で、秘密を守る約束はできないと言えば、子どもを裏切ったことにはならないですものね。

菅野 相談者の守秘義務というものがありますが、最近では「集団的守秘義務」という考え方が一般的になってきています。学校から秘密がもれるのはいけないけれど、学校全体で情報を共有することは大事だという考え方です。君のことが心配だから、私だけの秘密にはできない、だからそういう前提で私に話してほしい、とあらかじめ言っておくのです。そうすると、子どもの側が話し方を考えるようになる。「秘密を聞かない」という方針もあるのです。また、養護の先生などに対してよくそういう秘密を打ち明ける子がいますが、この件は秘密にできないと判断される場合は、校内の他の先生に知らせる前に、まず子ども本人に知らせることの承認を求めるようにしている、という方針の先生も最近では多いように思います。

阿部　アセスメントとして、そういった生徒理解のプロセスを丁寧に、丁寧に、積み重ねていくべきなんですね。

いじめグループから抜け出したい子への支援

阿部　ところで、自分がいじめグループの一員になってしまっていて、それがなんとなくイヤで、誰かやめてくれないかと本当は思っているけれど、ノリで加わってしまっていて抜けられない、それに、もしグループを抜けて今度は自分がいじめられたらと思うとどうしても抜けられない。こんな相談を受けることもあります。

菅野　正義感が強い先生や面倒見のいい先生の中には、そういう相談を受けたとき、「じゃあ先生が話をつけてやる」、と肩代わりする行動が出やすいですね。でもそれをやってしまうと、先生にチクッたな、となってその子が不利になってしまいます。

阿部 それに、いじめグループはある意味社会性が高いですから、先生に対しては、抜けたければ構いませんよというような態度を見せていながら、裏でこっそりいじめるなどのことが起こりやすいですね。

菅野 小学校低学年などまだ幼い子どもの場合は、「そんなグループ作っちゃダメだ！」と、先生が怒れば済む場合もありますが。中学生くらいになり、ずるい知恵が働くようになってくると、いじめをやっているような子たちは大人を上手にだませる力を持っていますから、肩代わりするようなことはしない方がいいですね。むしろ、その子の葛藤というものに対して即解決という方策をとらないで、その子にいじめを抜けるための力がつくように先生がじっくり付き合っていくことが大切だと思います。

阿部 長期戦で取り組む、というスタンスですね。すぐに結論を出さずに、その子と継続的に話し合いを持っていくわけですね。

菅野 「抜けたい」という気持ちを持ったことを評価してあげて、いじめを抜けたいという葛藤をテーマとした話し合いを持つのです。「じゃあどうしたらグループを抜けられるか作戦を考えてみよう」とか、「『抜ける』と宣言したらどうなると思うか」、「自分も被害に遭わないためにはどういうやり方があるか」、などを話し合っていくといいですね。なるべく子ども自身に考えさせ、内に持っている問題解決力をできるだけ引き出すようにするのです。その子が三割しか考え付かないときは、こちらが足りない七割を補ってあげてもいいですが、そこから、「また他のアイデアはないかな」と広げていって、解決策のアイデアを増やしていくのです。

阿部 心配なことはたくさんあるのに、それに対する耐性が育っていないわけですから、その子どもの耐性を育てる意味でも時間は必要ですね。

菅野 長期目標は、その子が「自分の中にいろんな解決策を持つ」ということ。そして、「もういじめには加わらないと宣言する」、あるいは「いじめグループから自然に距離を取る」といった行動が、自分自身の力でできるようになるっていうことですよね。たとえ明確な意思表示をしなくても、距離を取っていけば「あいつオレたちから離れようとしてるんじゃないか?」となって、煮詰まる時期が必ず来る。「なんで最近オレたちを避けてるんだよ?」と言われたり。そのとき自分で、「いじめをやめようと思う」と言える。それが一番理想的だと思います。

阿部 なるほど。

菅野 自分の力でできるよりよい解決法を模索して、たとえボコボコにされたとしても抜けるぞという決心をする。自分の決心を通すことに価値をおき、たとえいじめのターゲットになったとしても自分は負けないぞ、という心になればいいわけです。そうすれば、無視されたりからかわれたりしても、自分は心の中でその子たちを見下してやり過ごせるようになる。そのためにも、その子の人間をつくっていく作業に時間をかけた方がいいという感じがしますね。ただ、そういう難しい問題に直面すると、先生の方に葛藤が起こるんですね。そこで、短期戦で手っ取り早く解決しようと行動してしまいがちになる。こちらが葛藤を抱えるほどの問題は、根が深くて難しいということだから容易に解決できない、だからじっくり構えよう、という意識を持てるといいのですが。

阿部 そうとらえれば、解決策をじっくり考えるということが、力をつけることになってきますね。

菅野 その子どもと共にシミュレーションを何度も何度もして、「よし、これでやってみよう」と思ってから実行すれば、たとえよくないことになったとしてもすべて想定内ですから、怖くはないわけです。即対応しようとしてしまうのは、相談者自身の焦りの表れであるととらえることもできます。これを精神分析用語で「逆転移」と言います。少々のいじめがあっても、本人が踏ん張ることが大切なのです。もちろん、いじめる側がやめるにこしたことはありませんが、先に言ったように、いじめている連中は態度を使い分けていて一筋縄ではいかないということを考えると、目の前にいる子どもの耐性が強くなるように育てることの方が、効果的だと思います。

阿部 耐性を育てると同時に、いじめにどう対処していくかという問題焦点型の対処方法と、自分の感情を切り換えたり、発散させたりするための情動焦点型の対処方法、両方のレパートリーを増やしていけるよう、子どもと一緒に考えていく場を作っていく必要がありますね。

file 2

感覚統合の視点で子どもの「つまずき」をとらえる

川上康則
阿部利彦

感覚系の体験ができない時代の子どもたち

阿部　川上先生と私は、お互い巡回相談でかなりの数の学校を回っていると思うんです。巡回の際の子どもの実態把握のポイントとして、川上先生と出会う前から、姿勢保持とかボディイメージの課題について着目してきたんですね。その後、川上先生と出会って、そこってやっぱり大事なんだと確認できてうれしくなりました。それにしても、昨今、ボディイメージの課題がある子が増えているような気がするんですけど、何か背景があると思われますか？

川上　ボディイメージや固有感覚の課題についてはよく「氷山モデル」（図2-1）を使って説明しますが、未経験による部分もあると思います。子育てに関心があるお父さんも増えていますが、子どもをただイベントに連れていく、外に連れていく、という感じです。一緒に感覚系の遊びをしてあげていない、ということはありますね。

阿部　アウトドアの遊びに連れていっても、そういう遊びによる経験を積ませていない、という可能性があるわけですね。

川上　あと、言語性が高い子は、運動系が「好きじゃない」ってはっきり言いますよね。好きじゃないことを無理やりやらせても……となって、そこから育たずじまいということはあります。だいたい、今は公園にも感覚を育てる遊具がないですからね。

阿部　回転遊具とか、ぶらさがったり回ったりする遊具が「危ないから」という理由で撤去されていますからね。

川上　自転車のチャイルドシートも、安定性、安全性が優れたものが主流ですから、しがみつくとか、そういう緊張感がないんです。寝ていても落ちることがない。感覚系を使い込んでいない子どもは確実に増えていて、音楽の先生に聞くと、リコーダーの穴押さえができない子や、吹きながら演奏する鍵盤ハーモニカなどが苦手な子は増えているそうです。あと、固形石鹸で泡を立てる、という

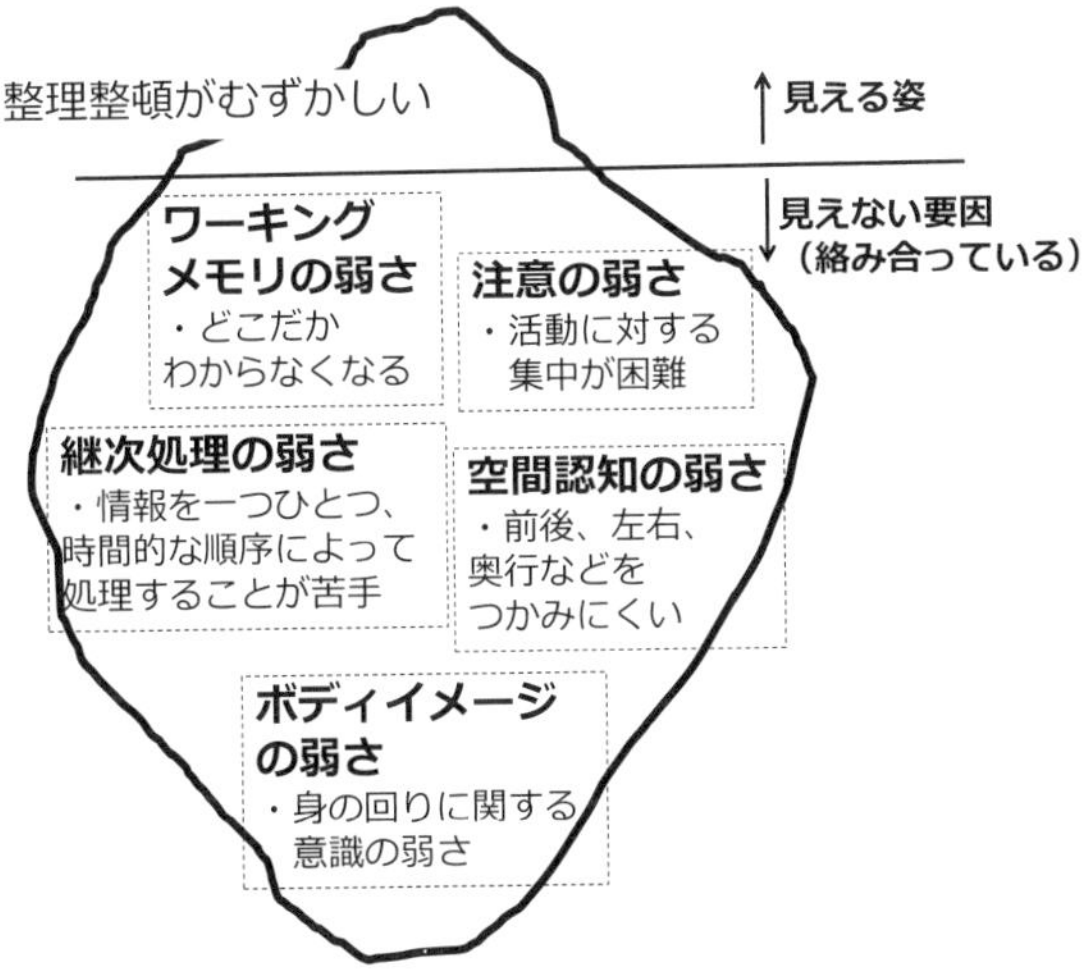

図2-1　氷山モデル
（川上，2012 を改変；阿部利彦編著『クラスで気になる子の支援ズバッと解決ファイル　NEXT LEVEL』金子書房，2012）

ともなくなりましたね。石鹸は最初からポンプ式で泡になって出てくる。「便利な世の中になった」ということは、「感覚系が育ちにくくなった」ということでもあるんです。

阿部 固形の石鹸が手から飛び出してしまってうまく泡が立てられないという子がいますね。いろいろな刺激を体験する機会が減ってしまっていますね。ところで、それらは実際に学校ではどのような「気になる行動」につながるのでしょうか?

川上 例えば、何でも無造作に置いてしまう、椅子にうまく体を収められない、ということがあります。友だちと関わりたいと思ってする行動、例えば、肩をポンと叩いたり、腕を組んだり、といった相手との身体的な関わりで適度な力の調節が難しく、強い関わりになってしまって周りから敬遠される。周囲からは「乱暴」「自分勝手」と見られてしまいます。他には、整理整頓の難しさとして表れることもあります。整理整頓というのは、視覚認知、ワーキングメモリー、ボディイメージが関連しているので。あとは「歩きながらなんとなく人のモノを取ってきてしまう」ということもあります。

阿部 巡回相談でそういう子に出会いますよ。あれ、どうして取っていっちゃうんですかね?

川上 いろいろなところをぺたぺた触りながら歩く子は、おそらくボディイメージ、ワーキングメモリー、ソーシャルスキル、それぞれの課題が絡み合っています。「いいな」と思うとすでに手に取っている、ということがあると思います。「これいいね」「見てもいい?」という一言を先に言えれば違うんですけど。

阿部　衝動性の高さとの関連はありますか？

川上　その側面もあります。衝動性が実行機能に影響している。「これいいね」「見せてくれる？」と留まって言うことが難しい。視覚認知で「キラッと輝くいいもの」に見えちゃったりする。中心視が弱くて周辺視が優位なためにちゃんと見ないで手に取ってしまう。あとは、自分の手がどこまで伸びているかというイメージがわからない、ということもあります。実は、万引きを繰返すお子さんで、自分でも「何でこんなの持ってきてしまったんだろう」という物ばかり盗んできてしまう、というケースがありました。その子の取ってきたものをリストアップしたら「重いもの」ばっかりだったんです。ダンベルとか、ペットボトルとか、ズシッとくる感覚のもの。その子は、かけっこのときに、第一コースを走っていたのに、ゴールする頃には第三コースを走っているとか、そういう子でした。

阿部　「衝動性」という漠然とした言葉だと、どう対処したらいいかわからないですが、一つ一つ分解し整理していくと見えてくるものがありますね。「手に負えそうだ」という。あと、ボディイメージに課題がある子が多くいるクラスの場合、「ぶつかった」「叩いた」「落とした」といったトラブルが頻発しますよね。そのようなクラスを担任している先生はどういうふうにクラスづくりを考えていけばいいのでしょう。

川上　答えになっているかわかりませんが、まず「面白い授業」であること。子どもを変えようとするのではなく、授業を変えて退屈や手持ちぶさたを防ぐようにします。子どもたちにとっての「面白さ」というのは「小刻みに考えさせる場面がある」ということです。「考えさせる」というのはこれまでもあったと思いますが、「一〇分考えなさい」では長すぎますし、「この絵（あるいは写真）について気づいたことを書きなさい」だと広がりすぎなんです。

阿部　具体的にはどういった方法がありますか？

川上　例えば、まず「見えているもの」を三〇秒以内にいっぱい書き出させます。「見えているもの」だからどんどん書けますよね。次に、隣の子と見せ合って、これは足りないな、と思ったものを書き写させます。そのうえで、これは他の人が誰も書いていないだろう、と思うものにマルをつけさせます。それから「ではその自信作を発表してください」と発表させる……といった流れで進めます。そして、友だちの発表を聞いて、同じだったら手を下ろしてもらいます。あるいは「今の意見についてもっと詳しく言える人」とか「今の意見と関連したことを言える人」というふうに持っていく場合もあります。「なぜAさんとBさんの言い方が違ったのか、隣の人と話し合ってください」という考えさせ方もあります。

阿部　なるほど、それは飽きさせないですね。やることが明確ですし、短時間で結果が出しやすい進め方だと思います。しかも、バリエーションがある。

川上　「〇〇なのは何でしょう」と発問するだけで、次の指示がないクラスでは、勝手な意見がどんどん出てきてしまう。指示があるだけで違うんです。「わかった人は手を挙げましょう」でも「腕組みしましょう」でも「うなずきましょう」でも「立ちましょう」でも大丈夫です。クラスには、衝動性が高い子、待てない子がいるということを常に想定して、明確に指示をしましょう、ということです。

阿部 中学校は発問中心の授業が多いですね。「これってどういうこと?」みたいな。

川上 たまたま答えてくれる数人の生徒だけで授業が展開する、ということがありますよね。

子どもに「ボディイメージ」を教える

阿部 ボディイメージに課題があって、悪気がなくても人にぶつかったり、足を踏んでしまったりする子は「またやっちゃった」「どうしたらいいんだろう」と悩むこともあると思います。そういう場合はどうしたらいいのでしょうか?

川上 まず、年齢というか年代ですが、小学校低学年だと自分の課題に気づけない、つまりボディイメージの弱さを自覚するというのは難しいです。

阿部 固有感覚や前庭感覚と同じように、自覚するのは確かに難しいですね。

川上 学年が上がってからの方が話はしやすいですね。といっても、過去に立ち返って訓練できるかというと、それはできない。

阿部 タイミングを逸してしまうということもありますね。早期からの体づくり、イメージづくりが必要ですから。とりあえず「自分にブレーキをかける」ということについて子どもたちにお話しされることはありますか？

川上　はい、あります。ただ、裏づけがないとだめですね。例えば、ＷＩＳＣなどの知能検査を取らせてもらって、フィードバックしながら話をします。「あなたのこの部分は捨てたものではないよ」とか「この力は世の中からきっと期待されるよ」とか。丁寧に強みを返していくのが先ですね。

阿部　私も、心理検査の結果を本人に伝えるときは、そこをかなり意識します。

川上　私がアセスメントをとるのは、「勇気づけ」のためです。「あなたの中の宝さがしをしよう」って投げかけるんです。それで「『自分でも謎解きしよう』と思ってくれるなら、心理検査を受けてほしい」と。そして、その流れの中で「片足立ちが何秒できるかな」「タンデム歩行（継ぎ足歩行。床面に引いた線上を、片方の足のつま先にもう片側の足の踵を接触させながら歩行する）は？」と、ボディイメージについても含めて話をしていきます。回転運動で目が回らないかどうか、ということもチェックする場合があります。

阿部　子ども自身が「自分の体を知りたい」「自分の体をコントロールしたい」となったところで、対応を一緒に考えていくんですね。そこで子どものモチベーションが上がってきた場合、どういう支援が考えられますか？

川上　そうですね、特性は子ども一人ひとりで違うので、共通して「これをやればいい」というものはありません。その子に合わせて紹介しています。

阿部 例えば？

川上 姿勢保持についてこんな方法があります。机の真ん中に線を引いて、椅子の真ん中にも線を引く、それで「机と椅子の中心線が合っているか見てみたら？」「中心線が合うように気をつけてみたら？」とアドバイスします。ぴったり合っていれば、今はいい状態になっているという指標になります。

阿部 それだと、特に特別なツールを持ち込まなくてもできますね。

川上 あと、小学三、四年生くらいまでだったら「平均台をすれ違う」という練習をすることがあります。「すれ違う瞬間にどちらを向くか？」「どう体を反らすか？」「すれ違うときどう声をかけ合うか」などを具体的なやりとりの中で学ばせる方法です。「ぼくはこっち行くね」「じゃあ先生待ってるね」とか。そういうやりとりが教室で机の間を友だちにぶつからないように歩くときのイメージにつながっていくと思います。阿部先生は、広い道でも向かい側から来た人とうまくすれ違えないことってありません？

阿部 ああ、ありますね。

川上 そういうときは、相手の足元を見てる場合が多いんです。靴のつま先の向いている方向で「こっちに来そうだな」と判断しているということになります。特に自閉スペクトラム症のある子はそういう傾向が強いので、「できたら、相手の目線がどっち向いているかを見られるといいね」とアドバイスします。

阿部　なるほど！　それはどうして気づいたんですか？

川上　私もそういうところがあって(笑)、足元を見ていてうまくすれ違えなかったんです。そこでふと「人は行きたい方向に目線が行くな」って気づいたんです。

阿部　なるほど。

川上　クラスでの活動としては、体育の時間などに、ある範囲の空間を人にぶつからないように歩かせます。すれ違う瞬間に一瞬止まる、ということの大切さを学びます。それから教室での授業では、「ギャラリーウォーク」の時間の活用です。

阿部　授業中に他の子のノートや作品を見て回る時間ですね。

川上　はい。あの時間が応用できますね。美術館と同じだからしゃべっちゃいけないよ、と声をかける場合もあります。

阿部　ボディイメージの話とちょっとずれますが、ギャラリーウォークで「友だちに見てもらえない子」って出てきますよね。

川上　はい。その対策としては、回る時間を短めに設定することです。例えば三〇秒ぐらい。そうすると、必然的に近くの子を見ますよね。これで「私だけ見に来てもらえない」といったことはなくなります。そもそもそんなにたくさんの友だちのところを回れるわけではないですから。あとは、気になる子のところに先生が行って「おっ！」と声をあげる。「なぜ、先生が感心したかは後で皆が確認してごらん」というふうに。「先生がなぜ『おっ！』と思ったか、後から聞くからね」と言うこともあります。そして、効率的に回るためには、クラスメイトがお互い工夫する必要がでてきます。その回り方についても、先生が「さっきの動きよかったね」「どういうところに気をつけたの？」といったプラスのフィードバックをします。それでクラス内の動き方や動線をルールにする、という方法もあります。ルールといっても強制ではなくて、ある子どもの「よい動き」を他の子に分配するイメージです。

阿部　それはよい方法ですね。

川上　子どもたちから発信したものって、みんな大事にしますよね。話し方などよくクラスに掲示してありますけど、あれは、子どもたちから出てきた言い方を採用していく方がいいと思います。私だったら、そういうクラスの掲示（ルールなど）は一部伏せておく、マスキングしておくという方法にします。それで子どもたちから話題が出てきたときに「来た来た！」って開くようにしますね。年度末の三月にクラスの形見分けというのをして、○○君の言葉からあの掲示物のマスキング部分を開けられたので、○○君にあげる、なんてこともよいと思います。

阿部　なるほど、私はギャラリーウォークや、ミニ先生（早く学習が終わった児童ができていない子に教えに行く）などについては、ちょっと気になっていたんですが、それならいいですね。

川上　ミニ先生については、慎重にとり入れた方がよいと思います。たしかに教えるミニ先生にとっては、教えることでさらに自分にとってプラスになると思います。でも、全部教えてもらったら、教わる側にとっては答えを聞くだけで、プラスにはならない。結局は大人が楽するシステムになってしまいます。ミニ先生にはここを見るといいよ、というヒントを提示する役にさせるとか、まずあなた（ミニ先生）が何をしたかだけ言いなさい、と指示するなどの工夫が必要になると思います。

阿部　それなら教えてもらう側もプライドが傷ついたりしませんね。

先生たちに「体に関するつまずきを持っている子」のことを知ってもらうために

阿部　これまで話題にしたような「体に関するつまずきを持っている子」にとっては、もし体育の先生が理解してくれたら心強いですよね。また、中学校では、部活動の顧問の先生に理解しておいてもらいたい。でもそれはなかなか難しい面がありますよね。川上先生はどのように取り組まれていますか？

川上　先生方に対する研修の機会を与えていただけているのは助かりますね。学校全体が支援の方向に進んでいるというのは意識してもらえると思うので。でも、研修には、始終ぶすっとしている先生や、週案を持って来てて話を聞かずに書いている先生って必ずいますよね。そういうときはむしろ燃えます（笑）。大人向けの研修でも子どもの授業と同じように小刻みに活動を入れます。

阿部　授業のユニバーサルデザインで行っている方法ですね。

川上　そうですね。「はい、みなさん一度立ちましょう」とか、「お互いに書いたものを見せ合いましょう」とか。巡回相談のフィードバックなどでそういう抵抗感のある先生と話すときには、まずプライドを傷つけないようにしていますし、その先生が大事にしている「こだわり」には気をつけます。子どもと同じ土俵に立っている先生の場合、長期戦になります。先生を変えるというより、校内委員会に働きかけます。

阿部　その先生自身を変えるのは難しいということですね。でもそのことで私たち以上に苦労されているのは保護者だと思うんですよね。勉強熱心な保護者の方が、先生に支援をお願いしてもなかなか対応してくれないという……。

川上　その場合、特別支援教育コーディネーターの先生にお願いしてみるという方法がありますが、コーディネーターの先生すべてが専門的に勉強されているとは限りませんしね。コーディネーターと管理職がいい関係だとうまく進む場合があります。とにかく一度担任に要望してみて、そこで断られてもめげないということですね。保護者の方には、自分はこの学校のパイオニアだ、と思っていただけるといいですね。もしかしたら最初に声をあげてくれた保護者の方のお子さんに、その支援は間に合わないかもしれない。医療的ケアにしても、支援員制度にしても、支援システムがようやく構築されたときには、声をあげた保護者のお子さんたちは大きくなりもう卒業してしまっていた、ということはあります。

阿部　そういったことは確かによくあります。

川上 この要望は我が子のためだけではない、次世代につなぐためなのだと学校に伝えてみてください。もし、次に我が子と似たようなつらさを持った子が出てきたとき、その子には「大丈夫だよ」って言ってあげられるような形をのこしてあげるんだ、と訴え続けていただきたいんです。もちろん、学校関係者としては非常に申し訳ない気持ちなんですが。

阿部 私が関わっている親の会の代表さんは、皆さんご自分のお子さんには「間に合わなかった支援」を広げるために努力してくださっています。そういうスピリットが支援に厚みを持たせていくのだと思いますね。本当にありがたいことだと思っています。

file 3

授業のユニバーサルデザイン（UD）からインクルーシブデザイン（ID）へ

宇野宏幸

阿部利彦

新たな切り口としてのインクルーシブデザイン（ＩＤ）とは

阿部　私も宇野先生も授業のユニバーサルデザイン化についていろいろ検討している点では共通しているところが多いですが、先生は『ユニバーサルデザイン（ＵＤ）からインクルーシブデザイン（ＩＤ）へ』と転換を提言されていらっしゃいますね。

宇野　ええ、ＵＤというのは多くの子どもに普遍的に有効な手立てなわけですが、さらに、個々の子どもの教育ニーズを尊重した教育デザインを追求していきたいと考えています。

阿部　ニードベースのエデュケーションですね。私も授業のＵＤ化で大事なのは子どもの側に立ったＵＤ化、つまりユーザビリティが重要になってくると思っています。

宇野　今のＵＤって、どちらかというと教師寄りというか、教える側の視点が強いような気がするんですね。

阿部　確かに、いろいろ誤解もあって、どちらかというと教師にとって教えやすくということが主旨になっている場合もありますね。

宇野　ＵＤは教育を受ける側のニードに合わせるべきなんですけれども、そこがまだ拾えていない気がして。だからこそニードベースの、新たな切り口としてＩＤの重要性を訴えていきたいですね。

阿部　もちろんUDとIDどっちが優れている、とかではなくてですね。でも、ズバッと比較していきたいですね。

宇野　インクルーシブ教育を目指していくうえで、クラスで発達障害のある子どもさんが学んでいくためには、やはり一緒に学ぶときに、どうしても教科の中できちっと教え込む内容があって、そこに近づけるためにいろいろUDをやってる感じがあると思うんですね。

阿部　なかなかそこの転換がないと本当のインクルーシブになっていかないような気がしますね。具体的にはどのような手立てが必要なのでしょうか?

宇野　それぞれの子どもが違った学び方を持っている、と考えられるかどうか（転換する）ですね。例えば、多感覚な授業というのはIDの特徴です。漢字の学習では、形を見て書く、唱えて書く、空書きする、それぞれ、視覚的にとらえる、聞いて覚える、運動の組み立てが得意な子どもに合った学び方です。

阿部　なるほど、それは、子どもたちの得意な学習スタイルを活かす視点ですね。

宇野　その通りです。さらに大事なことがあります。どちらかというと今までは頭の中にインプットしていくというのが日本の教育の基本であって、子どもがどれだけ覚えられたかをペーパーテストで測っていくというのが、従来だと思うんですけれども、今度は、たぶんアウトプットの時代になってくるのかなあと思っています。

阿部 暗記、詰め込み式の教育ではなくて、表現する、伝えるという部分が重要になるということですね。障害のあるお子さんも他のお子さんも、それぞれのスタイルで表現し学び合っていく。しかし、表現することが苦手な子も多いわけですよね。それを子どもたちにどのように意欲を持ってやってもらうのかというあたり、どう考えていらっしゃいますか?

宇野 うちの研究室の院生が、小学校で、指導書に沿った国語の授業についてアドバイスしたことがあったんですよ。そこは二〇人くらいのクラスで七、八人が要支援といえるほどでした。校長先生が「元気すぎて困るクラスです」っておっしゃったほどでした。

阿部 なるほど。

宇野 そのクラスは初任の先生だったということもあるんですけど、指導書通りにやろうとしても、皆おしゃべりしたり、手遊びしたり、立ち歩いたりと、もろもろ大変でした。で、その後に図書館の司書の先生が『生きものふしぎクイズ』っていうのを出してくれました。すると、クイズが始まったら、子どもたちが皆ものすごく集中して調べて勉強しているんですね。その要支援の七、八人も。そのコントラストを見ちゃったものですからね。例えば、「説明文だから構造的にこうなってるよ」みたいなことを小学校三年生の段階で教えても、やっぱり身につかない感があるんですよね。

阿部 それは、統括型とか尾括型とか、そういうものでしょうか?

宇野 そうですね、うちの院生に聞いてみると、登場人物の気持ちが最初「A」だったけど、山場（きっかけ）を通じて「B」に変わる展開がありますよ、とか、そんなふうに教えちゃうって言うんですよね。最初にそれを伝えてから読ませちゃうと。でも、それじゃあ、この後どうなるかのワクワク感がなくなっちゃうじゃないですか。で、「そんなふうに読ませない方がいいんじゃないですか?」って言うんですが、「いや、そのやり方がいいんです」と言うわけです。私からは「本当にそうかなあ?」とかいろいろ言ったんですけど。

阿部　物語文でも説明文でも、ワクワク感って大事だと思うんですよね。子どもにとってのワクワク感を大切にしていける授業作りというのが、もっともっと必要かなと思ったりしているんです。

宇野　先ほどの話に出てきた図書館司書の方は、子どもの中にある「どうして?」の疑問を表現させ、子ども同士で学んでいく大切さを示してくれていました。まさに「なぜ?」「どうして?」、というワクワクですね。

阿部　ワクワクをしかけるのには、もちろん見通しというか、何をやればいいか焦点化するのも大事ですよね。例えば、これは理科の先生の指導でやっていたんですけれども、ADHD傾向のお子さんが授業中に何をやるかわからないと「わーっ」と騒いでしまうんです。でも、「何を考えたらいいか」を、具体的に焦点化してあげると、面白い発想が出てくるんです。

宇野　いかに子どもたちにアウトプットしてもらうか、クリエイティブな活動を一緒に作り上げていくか、が肝ですよ。わかりやすさ、楽しさ、見通しの持ちやすさ、のバランスを考えながらね。未来の教育、二十一世紀の教育とは「考える力を育てる」ことだと言われているんです。それぞれが表現し合う、学び合う、っていうこと、つまり学校教育の「未来の教室」とＩＤというものとがなじむと思うんですよね。ＩＤで大切なのは、「子ども一人ひとりの学びのポテンシャルをどう引き出すか」ということでしょう。

安心できる環境での「サプライズ的演出」が大事

阿部　「子どものポテンシャルを引き出す」、魅力的なキーワードですが、具体的に何か参考になる手法みたいなものはありますか？

宇野　はい、私はケラーが提唱している「ＡＲＣＳモデル」は大変参考になると思っています。ＡＲＣＳモデルでは、学習への意欲づけが形成されるプロセスを、注意(Attention)、関連性(Relevance)、自信(Confidence)、満足感(Satisfaction)に分けています(図3-1)。まず、「注意」では、子どもたちに「面白そうだ」と思わせるのがポイントです。その

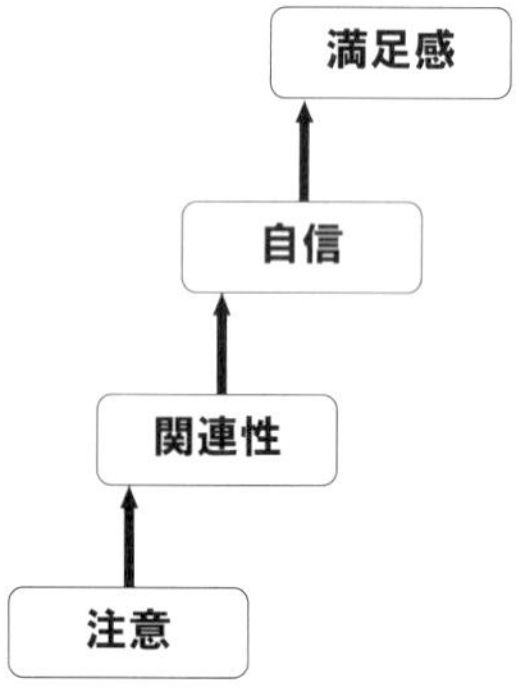

図3-1　ARCSモデルの基本構造
(宇野宏幸編著『特別支援教育から考える通常学級の授業づくり・学級経営・コンサルテーションの実践』金子書房, 2013, p.59)

ためには意外性を織り込み、予想外の展開によってサプライズをもたらすのです。

阿部　注意喚起させるのですね。このARCSモデルは、特別支援教育の視点を取り入れた授業のパターンとは違う部分がありますね。特別支援教育の視点を取り入れた授業では、一般的に、ルーティン化することで安心感を作り出そうとする。でも、それだとワンパターンになる危険性があって、飽きてしまったり乗ってこなくなったりする子が出てきます。安心した環境での「サプライズ的演出」が大事だというわけですね。

宇野　そう思います。そして、安心感を与えるためには、具体性や視覚的提示が効果的です。その上でのサプライズによって、好奇心をそそり、問題解決への意欲を高めます。疑問や謎を提示するわけです。

阿部　私は、「授業で子どもたちの『謎解きスイッチ』を入れるといいよ」と先生方にアドバイスしていますが、それとすごく共通点があるように思います。

宇野　次に「関連性」ですが、これは子どもたちに「やる価値がある」と認識させることです。これまでに学習した知識と新しく出会った学習内容をつなぎ合わせることです。他にも、子ども自身の経験と関連性が深い内容にして親近性を持たせる、個人の得意なことと関連づける、などが効果的です。

阿部　確かに「これ知ってる」「聞いたことがある」「前に習った」と気づくと、子どもたちと学習とがつながっていきますね。

宇野　そして「自信」は、「もしやったらできそう」と思わせることです。まず到達目標を具体的に示します。そして「がんばればできそうだ」と期待を高めます。もちろん失敗のリスクを減らす工夫も忘れてはなりません。

阿部　自分で学習をコントロールできそうだ、と期待させる、ということですね。

宇野　はい、もちろん最後の「満足感」によって「やってよかった」と思わせる工夫が必要になっ

表3-1　授業をＵＤ化するための５つのテクニック
（日本授業ＵＤ学会湘南支部・作成）

	５つの視点	手立て
導入	☆ひきつける ☆方向づける ☆むすびつける	〈視覚刺激で意欲を高める〉 視覚化：本時の学習への意欲を高め，**ひきつける** 焦点化：本時のゴールの明示　**方向づける** 共有化：本時の学習内容と子どもを**むすびつける**
展開	☆ひきつける ☆そろえる ☆方向づける ☆むすびつける	〈視覚刺激を言語活動で広げ，論理を追究する〉 視覚化：考える材料を提示し，**ひきつける** 共有化：思考過程を**そろえる** 「○○さんの言っていることが分かる？」 焦点化：考えるポイントを明確にし，**方向づける** 共有化：モデル発言・ペア・グループトークで理解を**そろえる・むすびつける**
終末	☆そろえる ☆むすびつける ☆わかった できた	〈つかんだことを表現する〉 •「わかった」を**共有化**，**視覚化すること**で「できた」へ •モデルの提示　型の提示 •生活へ**共有化しむすびつける**，次の時間への意欲と**むすびつける**

（阿部利彦編著，川上康則・片岡寛仁・上條大志・久本卓人著『通常学級のユニバーサルデザイン　プラン　Zero2　授業編』東洋館出版社，2015，p.40）

できます。できたことを褒める、成果の重要性を強調する、ということも大切ですが、学習した知識や技能を活用できる機会を設定する、ということも大事です。

阿部　獲得した知識のスパイラル化ですね。私は、授業のUD化を実践している先生方に共通する工夫として「ひきつける」、「むすびつける」、「方向づける」、「そろえる」、「わかった・できたと実感させる」という五つのテクニックがあると考えているのですが（表3―1）、こうしてみると、それにも通じるものがあるように思います。

授業の中でアウトプットを大事にしていくために

阿部　ただ、子どものアウトプットを重視した授業を展開するのは、やはり難しいのではないでしょうか？

宇野　確かに難しくなりますね。ただ、先ほど紹介した授業でもよくわかったのは、説明文の「はじめ・中間・おわり」といった枠組みで考えさせるということは、実は難しい。子どもに書かせる、発言させる、表現させること自体がアセスメントで、それによって子どもが説明文の構造と内容をどれくらい理解しているのか確かめるということでいいと思うんですね。

阿部　先生が、子どもの言葉や態度、書いたものからアセスメントしていくということですね。それによって子どものつまずきを知ることができる、ということでしょうか。

宇野　まさにその通りです。

阿部　そこで気になることですが、システム的なことだけじゃなく、授業の中でアウトプットを大事にしていくために、各授業でどういうことから取り組めばいいでしょうか？　例えば、ADHDの子のアウトプットと、自閉スペクトラム症（ASD）の子のアウトプットでは出し方が違いますよね。それによって援助の仕方もまた変わってくると思うんですが。

宇野　そうですよね。これはたぶん、UDでも行われているロールプレイとか、表現の多様性みたいなところが大事なのかと思います。ASDタイプでしたら、言葉での表現は難しいけれども、絵を選んでもらうとか、それでもいいと思うんですよね。国語の勉強でも、言葉で表現するだけではない、多様な表現のスタイルが認められるといいと思うんですね。「その子どもができる表現の方法でいいよ」って、そういうのが本当のインクルーシブではないか、と思っています。

阿部　先生からすると、◯か×か、合っているか合ってないか、ということを導きだすのは楽かもしれませんが、表現というのは多様なだけに正答がないですから、そこが難しそうですね。

宇野　そうそう、先生はそんなのは嫌がりますよね。「いろんな考えがあるよね」というより、「正解！」で終わる方が、先生方が安心できる教え方ですよね。

阿部　そうですね。そこの不安を解消していかないとなかなか難しいですよね。授業にオープンなアウトプットを取り入れる、また子どものアウトプットを評価する、という視点、やはり難しそうですね。それに、新しい考え方や新しい言葉というものに、先生方にはまだまだ抵抗がありますよね、UDはやっと市民権を得た感じですが。

宇野　懸念はやはり、「合理的配慮」というキーワードですね。なぜかインクルーシブの理念が矮小化されてきていますよね。現場は「合理的配慮」と聞くと、てんてこまいになってしまっているというか……やはりどういうふうにやればいいかと困惑するんですよね。

阿部　「矮小化」というのはどういう誤ったとらえ方のことでしょうか。

宇野　合理的配慮さえしてればいい、みたいな。結局その基準に合っていればいい、みたいなことになる危険性はあると思います。

阿部　文科省が、参考として提示している「合理的配慮の基準」がありますよね。

宇野　ええ、そういうものをクリアしていればOK、というふうに管理職もとらえているんですね。基準はありますが、その運用は一般の先生には負担かもしれません。やはりケースバイケースで考えないといけませんので。

阿部　先生方を安心させるためにやっているわけではありませんが、その点、UDの素晴らしいところは「わかりやすさ」だと思っています。子どもにとっても、先生にとってもわかりやすい。すべてのUDが型を示しているわけではないけれど、一応参考にできる、ある「型」がある。例えば「視覚化、焦点化、共有化」に沿って授業を組み立てる。この「型」を教えるというのは、わかりやすさだから、みんながそれを真似しやすいんですよね。

宇野　そうです、そうです。「型」というのは、日本伝統の学びのスタイルですから、型でやるというのはなじみやすいんです。日本の伝統芸能などのコンセプトって、型を身につけてから崩していくのが創造だ、みたいな考えがありますよね。ですから、先生方にはそこまで到達していただきたいな、って思っているんですよ。

阿部 型を覚えてから型を破っていく、そして自分の型を見つけていく、これが「型破り」。型がなくて自己流にやってしまうのを「形無し」なんて言うそうです。

宇野 「型破り」に「形無し」、なるほどそうですね(笑)。

阿部 まずＵＤの型を学んで、そののち子どもたち一人ひとりの特性に合わせてＩＤに向かっていく。まさに「守・破・離」の流れが実現できれば、より多くの子どもたちが救われると思いますね。

file 4

「気になる子」の発達心理学と発達支援

藤野 博

阿部利彦

「心の理論」研究から見えてくること

阿部　先生がご研究されている、心の理論の最新トピックスをお伺いしたいのですが。

藤野　心の理論についてはさまざまな形で研究が進んでいます。例えば、視線検出装置（アイトラッカー）を使った測定ができるようになりました。従来のような言語指示に従うテスト形式ではない形で評価ができるようになったということです。それによって言語的なやりとりができるようになる前の乳幼児の反応を調べることができるようになっています。

「サリーとアン課題」のような「誤信念課題」とも呼ばれる代表的な心の理論課題は、だいたい四歳くらいで通過することがわかっていますが、同様の場面を見せ、視線による反応で調べると、一歳半くらいの乳児でも誤信念が予測できることがわかりました。発達初期の乳幼児でも、相手の視点に立つことができることがわかったわけです。

阿部　定型発達の子についての研究ですか。

藤野　そうです。定型発達の子の場合には一歳半〜二歳くらいから誤信念に基づく行動の予測ができますが、自閉症（註・この対談では、ＡＳＤを「自閉症」という表現で統一しています）の子どもは難しい。そこは定型的な発達か自閉的な特性があるかを見分けるポイントにもなります。

一方、従来の誤信念課題である「サリーとアン課題」は自閉症の子の場合、四歳では通過しませんが、知的障害がなければ、九歳頃になるとできるようになります。それは言語の力と関係あると考えられています。

定型発達の子の場合、心の理論課題をシミュレーションによって解いているという説がありますす。つまり、「こんなとき自分ならこんなふうに思うだろうから、相手も同じ場面ならきっとそんなふうに思うだろう」という自他の心の重ね合わせを直観的に行っているということです。それは考えて行っているわけではありません。自閉症の子はよく逆さバイバイをすると言われますが、親が子どもにバイバイをして見せるときに子どもに見えているのは掌です。しかし定型発達の子は、掌は自分にではなく相手に見えないといけないということを直観的に理解し、遂行できます。

ところが自閉症の子は見えたとおりに学んでしまいます。人がバイバイするときいつも掌が見えているため、自他の視点の違いに気づかない自閉症の子はバイバイとは掌が見えるものであるというふうに学んでしまうのですね。

阿部　定型発達の赤ちゃんは何も考えずにやっているけど、自閉症の子は、自分が見えた通りにやらねばならないと意識してやっているのですか。

藤野　いや、幼児期には定型発達の子も自閉症の子も意識的にはやっていないでしょう。逆さバイバイと、誤信念課題での誤反応はいずれも他者の視点に立つことの難しさという点で共通しています。定型発達の子はそれを自動的なシミュレーションで行っていますが、自閉症の子はそれが難しいということだと思います。しかし、他者の心の理解にはもうひとつのやり方があります。言葉と推論を使う方法です。例えば「Aさんはモノが置き換えられたところを見ていない、見てないことを知ることをできない、よってAさんは自分が置いた箱の中を探すだろう」と論理的に考えるわけです。言語力が九歳レベルくらいになると、そのような論理によって問題を解くことができるようになります。知的障害や言葉の遅れのない自閉症の子どもたちは九歳、一〇歳くらいに発達の節目があり、直観的にわからない部分を言語と推論で考えることで補えるようになります。

ユニバーサルデザイン（UD）の学びを、自閉症の支援に活かす

阿部　いまユニバーサルデザイン（UD）の授業づくりでも研究が進められています。筑波大学附属小学校の桂聖先生が、物語文などの文章を論理で読むという取り組みをされています。物語文を論理的に読む方法を学ぶと自閉症の子も理解できるようになるんです。

藤野　冒頭で挙げた視線で測定される心の理論は自発的なものです。質問されて答えるものではありませんので。言われないでも、自発的に相手の立場に立った反応が現れるわけです。先ほど、質問に答える形の従来の心の理論課題は、自閉症の子の場合、九歳レベルの言語力があると正し

く解答できるとお話しましたよね。ところがこの課題ができるようになっても、視線で測定する自発的な方の課題はできないままです。

阿部 なるほど。

藤野 つまり、相手の心に自発的には気づきにくいのですが、意識的に考えれば気づけるわけです。ですので、心情に訴えるやり方でなく、桂先生がなさっているように論理的に考えるやり方のほうが、物語の登場人物の気持ちを想像しやすくなると考えられます。

阿部 桂先生も、いろんな文章の型を覚えると実際の状況でも理論的に考えることができ、自閉症の子でも問題解決ができるのではないかと考えておられますね。

藤野 桂先生の実践をふまえた知見は、心の理論の発達研究の立場からもたいへん興味深く、納得のいくものです。

阿部 実際のある一つの状況を理論化して読み解けるようになったというときには、これはなかなか般化しないわけですね。

藤野 そうなんです。ただ、般化をどういうレベルで考えるかにもよると思うんですね。その場その場で逐一教える、場当たり的な方法だと般化は難しいですが、一般的な原理を教える形だと、適用範囲はある程度広がります。社会生活でそれなりにやっていけている知的に高い自閉症の人たちは、脳のデータベースに蓄えられた社会的知識や一般原理を個々の場面に適用することで問題を解決している場合が多いように思います。考えずに行う自動運転は難しいのですが、考えて操作する手動運転でやっていっているわけですね。しかし、それが可能になるには高いレベルの言語力や推論の能力が必要ですから、誰でもできるわけではないでしょうが。

阿部　高い理解力と思考力が関わってくる。

藤野　そうですね。あと難しい点は、先ほどお話ししたように、自発的に気づきにくいことだと思います。ただ、そこで何が課題になっているのかという手がかりを示し、「ここで何らかのことが問題になっている」「何か考えて解決する必要がある」という認知のスイッチを入れることができれば、観察と推論によって解決に導ける可能性があります。ですから、社会的な事柄に対する気づきにくさに対しては、このままでOKか、いま問題は生じていないか、ということを自分でチェックしモニターする姿勢をどう育むかが重要になると思います。

阿部　ソーシャルスキルの指導とも関係してくると思うんですけど、周りが問題と思っていても当事者は問題と思っていないと、そこに自発的になろうとは思わないですね。自発に向けての内的な動機付けといいますか、課題を共有する点はどうお考えですか。

藤野　そこは難しいところですね。「ここは気づいてないでしょう」「ここもだね」とダメ出しを続けると、自己肯定感が低くなり、自分は社会的にダメなんだとどんどん落ち込むことがあるので、ただむやみに指摘することはよいやり方とはいえません。自閉症の人の場合、自分が社会的な場面で何をやっているか振り返りをしてもらうときによくビデオ映像などを一緒に見たりしますが、自閉症の人へのソーシャルスキルトレーニングにおいて、フィードバックをダメ出し中心に行うのはよくないやり方とされています。

他の場所でも書いていますが、「ポジティブセルフレビュー」というやり方、つまり本人ができている部分、うまくいっている場面を見せて「これでいいじゃない」という形で伝える。それは手伝ってもらって結果的にできている場面でもいいんです。それを切り取って、「これでOKだよ、これでいいんだよ」という形のフィードバックをする。そういう形のポジティブなフィードバックをしていきながらビデオなどで振り返りを行っていくと、だんだん自分自身の課題に自分から気づいていくことがよくあります。自分の課題に直面する気持ちの余裕が出てくるんですね。

阿部　先ほどの論理の話に戻りますが、実践されていて、論理を理解させる方法や注意点はあるんですか。

藤野　そうですね。先ほど紹介した「サリーとアン課題」のポイントは見てないから知らないということなんです。そして「命題化」という言い方をしますが、「○○は△△である」という形で言語的に一般原理を示します。通常、「サリーとアン課題」においては質問する前に手がかりは示しません。しかし、「見たことは知っています。見ていないことは知りません」と一般原理を示してから質問すると、自閉症の子どもでも正しく答えることができるようになる場合があります。それでできるようになる子どものほとんどは九歳レベルを超えた言語力をもっています。

阿部　先ほどから話題になっている九歳というのは、いわゆる生活年齢ということではなくて……。

藤野　言語年齢です。聴覚障害児教育では「九歳の壁」などという言葉もあります。言語発達の大きな節目なのです。九歳レベルを超えると、言語を思考の道具にできるわけですね。

阿部　九歳頃に獲得できるという九歳レベルの言語能力というのが一番大事なキーになると。七歳とはどこが一番違うのですかね。

藤野　抽象的な語の理解が可能になります。また構文も複雑になります。それは文の中に文を含む補文構造をもつ文などです。

阿部　そこも教科指導のＵＤに近いですね。例えば、わざと登場人物を入れ替えておくとつじつまが合わなくなりますが、つじつまが合わなくなる理由を考えていったりするんです。『ごんぎつね』でごんと兵十を入れ替えたり、「俺は何々をした」という俺読みをしたり。ごんの視点で俺読みしているのにごんが近づいて来たのは変だから、人物の立ち位置がわかってくるみたいな、わざとそういう入れ替えを。

藤野　面白いですね。要するに複数の登場人物の視点の違いに言語を通して気づくということですね。

阿部　ええ、ごん係と兵十係で分担してやったりするんです。動作化や劇化しながら視点のことを考える。あとは国語の指導も階層になっていて、まず、何々がわかっていないと、次の内容が理解できないというように、子どもの発達に従って指導を組み立てているんです。

藤野　それは国語の学習のみならず、心の理論の発達支援にもつながる気がします。視点の理解に着目する点で、教科学習とはまた違った角度で、社会性の発達支援に使えるのではないかとお話を聞いていて思いました。

阿部　藤野先生がおっしゃったとおり、国語をしっかりやるとソーシャルスキルとつなげられるんじゃないかと思います。

藤野　全く同感です。私が考えているのも言語を通しての発達支援で、自閉症の人の社会性や心の理論の支援においては、言語が一番の鍵ではないかと考えているのです。といいますのも、社会生活でそれなりにしのげている自閉症の人たちは、社会的な知識や振る舞い方、ものの考え方を本を通して学んだと皆さん言われているからです。

阿部　ちょっと脱線しちゃうんですけど、「気持ちの見える化」もあります。登場人物の気持ちの変化を「心情曲線」といって、グラフにする。こうなってきて気持ちが上がってきたみたいに。自閉症の方の立場ですと、気持ちの見える化はすごくわかりやすいと思いますね。

藤野　「気持ちメーター」みたいですね。そのあたりも自閉症の人たちへの社会生活支援と共通していて興味深いです。

異文化をもつ対等な存在として向き合う

阿部　コミュニケーションって相互作用ですが、そのあたりはいかがお考えですか。

藤野　自閉症の当事者の人たちからのご意見が参考になります。当事者の観点からすると、自閉症者の心の理論の障害というとらえ方はあまりにも一方的な見方だろうというのです。自閉症の人が定型発達の人の心が読み取れないのと同じように、定型発達の人も自閉症の人の心を読み取れていないではないかというわけです。

阿部　なるほど。それは気がつかなかったです。定型発達を正解にした見方をまず変えていくということですね。

藤野　相対化するということですね。自閉症の人たちとのお付き合いは「異文化コミュニケーション」などとも言われてきましたが、実態は非対称的で、どちらかと言うと「定型発達の人にできて自閉症の人にはできないことがあるのでサポートが必要だ」といういわば上から目線の関わりになりがちです。本当に異文化というならもっと対等な関係であるべきですよね。そのことに関連してですが、自閉症の人たちから見ると定型発達の人たちの行動って変だよね、観察し研究してみようよ、という試みなどもある当事者グループで行われているんですよ。

阿部　それは面白い。人間って定型発達が当たり前とされているけど、オリジナル発達の視点から言わせたら、それはおかしいよね、と。それはすごい大事な視点ですよね。

藤野　発達障害当事者の綾屋紗月さんは「定型発達の人は解像度が粗い、自閉症の人は解像度が高い」と仰っています。自閉症の人たちの物の見方がハイビジョン映像だとすると、定型発達の人たちは昔の白黒テレビに喩えられるかもしれません。

阿部　なるほど。

藤野　自閉症の人の物の見方はよく「木を見て森を見ず」ということわざで喩えられます。それは些細なことにこだわり、大局的に物事をとらえることができない、というマイナス面としてとらえられることが多いのですが、細かいニュアンスを大切にするというプラスの面からも見ることができます。余計な細部を振るい落としてざっくり把握するのは効率的ですが、事物の細部に宿る「豊かさ」を犠牲にすることでもありますね。

阿部　文化とも言えますね。例えば、同じデジカメやビデオのメモリに、ハイビジョンだとあまりたくさん入らないけれど、画質を落とすといっぱい入ります。一定の時間にバーッと詰め込める人と、ざっくり粗く取り込む人では、その時間の疲れの度合いや、容量も違ってきますよね。よく感覚のシャワーと言われるように、いろんなものが一緒にくるわけだから。

藤野　解像度の話に関連して綾屋さんがお話しされていたことですが、同じものを見ながら、見え方が違うとしたら、経験していることも変わるわけで、違った経験をしている者同士が共感し合うのはそう簡単ではないかもしれません。解像度が違ったら注目するポイント、興味の持ち方などが当然変わってきますよね。それを、自閉症だからおかしな興味の持ち方をすると評価するのはフェアではありません。

阿部　自宅のテレビが壊れて、ハイビジョンに買い直したら、全然見え方が違って「こういうふうに見えていたんだ」と感じたのを思い出しました。私たちはもしかしたら、ものすごくよく見えている自閉症の人たちに、「もっと画質を悪くしろ」みたいに言っているのかもしれないですね。
　そうすると、優れた人は他の人が見逃しているものが見えるからいろいろ気づいたり、発見したりするんだけど、そういう定型発達にあわせることで、その子たちの才能を失くしているかも。

藤野　伸びるはずの芽を摘んでいる、そういったことはあるかもしれません。定型発達に合わせることじゃなく、お互いさまという観点でコミュニケーションそのものを見直すこと、自閉症の子の見え方を想像することが大事だと思うんです。

阿部　そういう理解をしてあげたり、その人の持っている力を大事にするということは、やはり自己肯定感などにもつながりますね。

根拠のある自信を育てて、自己肯定感を高める

阿部　立ち直り力（レジリエンス）や自己肯定感について、先生はどんなことを考えられていますか。

藤野　うまくいかずに落ち込むことは誰にでもあるわけですが、落ち込んだ後に気持ちを立て直せることがレジリエンスです。健全な自己肯定感をもっていると立ち直りやすくなります。また、個人の力だけでなく、周囲のサポートも大切です。慰めてくれるとか励ましてくれるとか話を聞いてくれるとかの気持ちの支えですね。レジリエンスの高い人は失敗をバネにして前に進めるのです。

阿部　経験よりも失敗したときのダメージを避ける傾向がないでしょうか？

藤野　それはあると思います。失敗経験を減らし、成功経験を増やすことは大切です。信州大学の本田秀夫先生は発達期との関係で、自閉症の子どもについて、思春期より前はできるだけ失敗させないことが大切で、思春期以降は失敗の後に立ち直ってうまく解決すると自信になると指摘されています。適切なフォローがあれば失敗することも成長につながるということですね。そのように発達の時期によって何を経験すべきかは違いがあるようです。

それから、自尊感情に関連して押さえておきたいこととして「仮想的有能感」の問題があります。他者を見下すことによって得られる有能さの感覚で、自分の体験・実績によって得られた自信とは異なり、根拠のない、いわばバーチャルな自信といえます。

阿部　自尊感情は育てたいけど、仮想的、バーチャルな有能感が肥大することもある？

藤野　そうですね。名古屋大学におられた速水敏彦先生らのグループが仮想的有能感について多くの研究をされています。仮想的有能感が高い人は自分に甘く他人に厳しい、怒りの感情を表出しやすい、人間関係がうまくいかなかった人が多い、親の養育行動が受容的でなく他者と比較する形で統制的であった、などの知見を報告されています。うまくいかなかったときに他人のせいにしやすい傾向があるようですね。実績に裏づけられた身の丈サイズの自信をもっていないといえます。

阿部　私の子どもが初めてプールに行ったとき、泳げると思い込んでいて。初めてなのに「いいから放して」「泳げるから」と言う。これって結構なんというかな、身の丈じゃなくて、根拠のない自信を持っている子もいますよね。

藤野　小さいうちは自信満々くらいでもいいのかなとも思います。本田先生も自信の蓄えが必要と言っておられます。それで、成長につれて現実にすり合わせていくわけですね。幼児的万能感から脱却していかねばなりません。

ただ、自閉症の子は失敗に直面しやすい状況にありますので、そのケアやフォローはとても重要です。発達障害者の高森明《こうもりあきら》さんが「当事者に必要なのは転ばぬ先の杖じゃなくて、転んだあとのバンドエイド」とお話しされていましたが、言い得て妙です。本田先生が言われている支援つきの試行錯誤とは、そのようなバンドエイドが用意されたうえでのチャレンジのことなのでしょう。

阿部　思春期以前は転ばぬ先の杖がメインで、思春期以降はバンドエイドを増やしたほうがいいということかもしれないですね。

藤野　フォローのある失敗ですね。適切な発達期におけるフォローのある失敗は、レジリエンスに関係するように思います。

阿部　私がUDから学んだことは「なぜ間違えたかを考える思考を育てること」です。失敗したことからどうやって取り返せるか、非常に心理学的というか、そうすると失敗したときに立ち向かえる、勉強だけじゃなくて他の場面でも、間違いに冷静に対処できる。

藤野　理由を考えられることはレジリエンスにも関係すると思うんですね。いつものようにうまくいかなかったのは体調が悪かったからだ、とか自分の力不足だからだ、などと失敗の原因について客観的に考えられることは気持ちを前に向け直すための力になるように思います。

阿部　レジリエンスについていうと、最近の知見によれば、「新奇性追求・感情調整・肯定的な未来志向」の三つの要素に分けられるようですね。

藤野　はい、早稲田大学の小塩真司先生のご研究なのですが、レジリエンスの状態にある人の心理学的特性を調べるとそのような三つの因子が抽出できたという知見です。新奇性追求は好奇心旺盛でチャレンジ精神があること、感情調整は感情のコントロールができること、肯定的な未来志向はポジティブで楽観的な姿勢といえましょうか。新奇性追求と肯定的な未来志向はどちらかといえば、その人が生まれ持った気質に近いものかと思います。それに対し、感情調整については、気質的な部分もあるでしょうが、経験や学習によってその力を高められる可能性もあるでしょう。

阿部　そういう可能性があるということですね。

藤野　また、さまざまな研究の知見をまとめますと、レジリエンスには個人の側面と環境の側面があるようです。感情調整などは個人の側面ですね。それに対して、環境の側面として「ソーシャルサポート」が重要になるようです。ソーシャルサポートとは簡単にいうと身近な人からの気持ちの支えのことですね。ソーシャルサポートとストレス対処に関する研究はたくさんあって、サポートの期待があればストレスは低減することがわかっています。サポート源は家庭や学校などで、家族や友人からのサポートがレジリエンスに関係するという知見があります。自閉症の人たちにとっては地域の支援グループに属していることはソーシャルサポートの観点から大きな意義があるように思います。自分と似た特徴をもつ子どもたちと肩の力を抜いた交流ができることは、気持ちの安定のうえでとても効果があると感じています。私が関わっている支援グループのお子さんは「いやなことを忘れながら楽しく通って、いい友だちができ、いろんなことを話したり遊んだりできた」と語ってくれました。

阿部　そういうつながりは大事な場なんでしょうね。

藤野　社会的に孤立しないことはとても重要じゃないかと思います。京都大学の米田英嗣先生は自閉症の人たち同士の共感性について研究されています。自閉症の人は定型発達の人に対してよりも自閉症の人に対して共感するという脳科学的な知見です。そういった研究から似た特徴をもつ人同士で集うことの意義が示唆されます。

阿部　友だちを作るのは大変ですが、電車とか共通の興味があるものを見つけると理解が変わってつながりができてきます。

藤野　そうですよね。そうしたマニアックな趣味を通じて自閉症の人同士の交流を楽しみ、さらには同じ趣味を通じて定型発達の人との交流に広がっていく可能性もありますよね。私の研究室の研究員の加藤浩平さんが研究されているテーブルトーク・ロールプレイングゲーム（ＴＲＰＧ）という会話型のゲームがあるのですが、自閉症の子どもたちがそれで遊ぶ会を開催しています。彼ら同士の交流はもちろんのこと、その会の運営を手伝ってくれている本学のＴＲＰＧサークルのメンバーの大学生たちとの交流も生まれてきています。それは支援する側/される側という非対称な関係でなく対等なお付き合いです。

そのような活動を通して、失敗も含めて楽しめるようになった、「まあいいか」と思えるようになったなどの感想を参加する自閉症の子どもたちが話してくれました。レジリエンスの向上に関係する発達的なエピソードだと思います。ロールプレイによる遊びの場面ということも関係するでしょうが、彼らにとっては安心して失敗できる環境だったのでしょう。

肩の力を抜いて人と関われる環境は本当に大切だと思います。

阿部　それは保護者の方々にも当てはまることですね。

藤野　そうですね。お母さん同士のネットワークもソーシャルサポート源です。阿部先生もいつも言われていますが、保護者自身が生活を楽しんだり、余暇の時間をもったり、他のお母さんたちとの交流の中で体験談を聞いたり、自分の話を聞いてもらったりすることは大切ですよね。そのような形で保護者もレジリエンスを高められるとよいなと思います。

自分とも他人とも折り合いをつけて、社会とつながる

阿部　先生に伺いたいのが「褒める」ことです。支援者の立場から言うと、自閉症の子は褒めが

うまくいかない部分があると思うんです。褒めて自己肯定感を育てたり、立ち直るベースを育てようとしていると思うんですけど、褒めるということで何かアドバイスはありますか。

藤野　ひとつは具体的に褒められポイントを示すことですね。私が関わっているある支援グループでは、終わりの会の前に「いいとこタイム」という時間帯がありまして、支援スタッフが子どもを褒める活動をしていました。「必ず具体的なエピソードを拾う」というのがルールで、「今日はよくできたね」とか「友だちと仲良くできたね」ではダメで、「○○の場面で、△△ちゃんにこういって、この一言がすごくよかった」とか具体的な事例で褒めるというルールでした。それは身の丈サイズの自己肯定感につながるだろうというねらいで行っていたことです。根拠のない褒めや、大雑把な褒めはリアリティがないですからね。身の丈サイズの、つまり具体的な実績に基づく評価は、自分の実力の客観的な証拠にもなりますので、自己理解につながると思います。

阿部　身の丈サイズというのはとても大事ですね。

あともう一つ伺いたいのですが、発達障害の人たちの社会性を、先生はどう考えていらっしゃるのか。また、社会性を育むためにどういうポイントがあるでしょうか。

藤野　社会性について説明するときに使うのが三角形の図です。ソーシャルスキル、自尊感情（自己効力感）、レジリエンスを三つの柱と考えています（図4-1）。ソーシャルスキルでは他者との協調性が重視されます。外的な適応ともいえますね。他の人とどう折り合うかですね。それに対して自尊感情とレジリエンスは自分自身との折り合いともいえます。自分と向き合い、自分のことを受け入れ、自分の心の声に耳を傾けることとでもいえましょうか。発達障害のある人たちは社会的な適応に向けた指導や訓練がなされ、一生懸命がんばった結果、過剰適応に陥り、心の健康を損ねてしまうことがよくあります。がんばりすぎず、自分に無理させないこと、ほどよく力を抜けることも大切です。

阿部　そうですね。

藤野　人との付き合いと自分との付き合いの両面をもって社会性だと思います。そのバランスが大切です。人も大切だし、自分も大切だということですね。人に合わせすぎると心が疲れ、やがて人との関わりがしんどくなってしまいます。せっかくソーシャルスキルを身につけても、それでは本末転倒ですね。また反対に、自分がいい気分になることだけを優先しすぎると、先ほど述べた仮想的有能感のようなプライドのバブル現象が起こり、他の人と協調して穏やかに過ごすことが難しくなります。人との付き合いと自分との付き合い

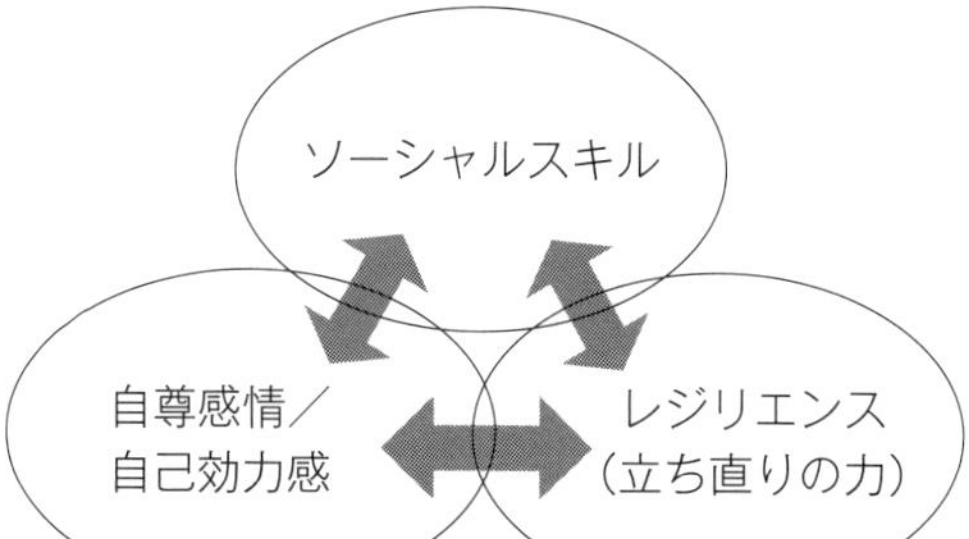

図4-1　社会性を育てるための３つの柱

（藤野博編著『自閉症スペクトラム　SSTスタートブック』学苑社，2010，p.9）

を媒介するものがソーシャルサポートではないかと考えています。人に助けてもらうことは、相手に自分を委ねる点で相手に合わせる側面をもちます。また、自分一人でがんばりすぎない点で自分と折り合うことでもあります。そして気持ちよく頼むことができればサポートを受けやすくなります。そういったことから、援助要請スキルはソーシャルスキルの中でも発達障害の人たちにとってとりわけ大切な目標になると思います。つまりソーシャルサポートを仲立ちとして、ソーシャルスキルとレジリエンスは関係し合うと考えられます。

阿部　今の社会では、他者との折り合いばかりが社会性とかソーシャルスキルと思われていますね。

藤野　レジリエンスは、「自力」だけでなく「他力」も含めて起こる包括的なプロセスなんですね。個人の中だけで完結していません。自分一人でがんばりすぎないこと、ほどよく人に頼れることが重要なポイントではないかと思っています。そして人に頼れることはソーシャルスキルです。

阿部　ソーシャルスキルは発達障害の子だけに求めるものではない。お互いにソーシャルスキルを心がけることが、ソーシャルサポートにつながっていくのだと思います。

藤野　はい、そしてそれは先ほどの「心の理論」や「解像度」の話などともつながってきます。「お互いさま」ということです。インクルーシブな社会というのは、さまざまな特徴をもつ人々からなり、違いのある人同士が相互に理解し合い、依存し合う関係が当たり前なのですね。

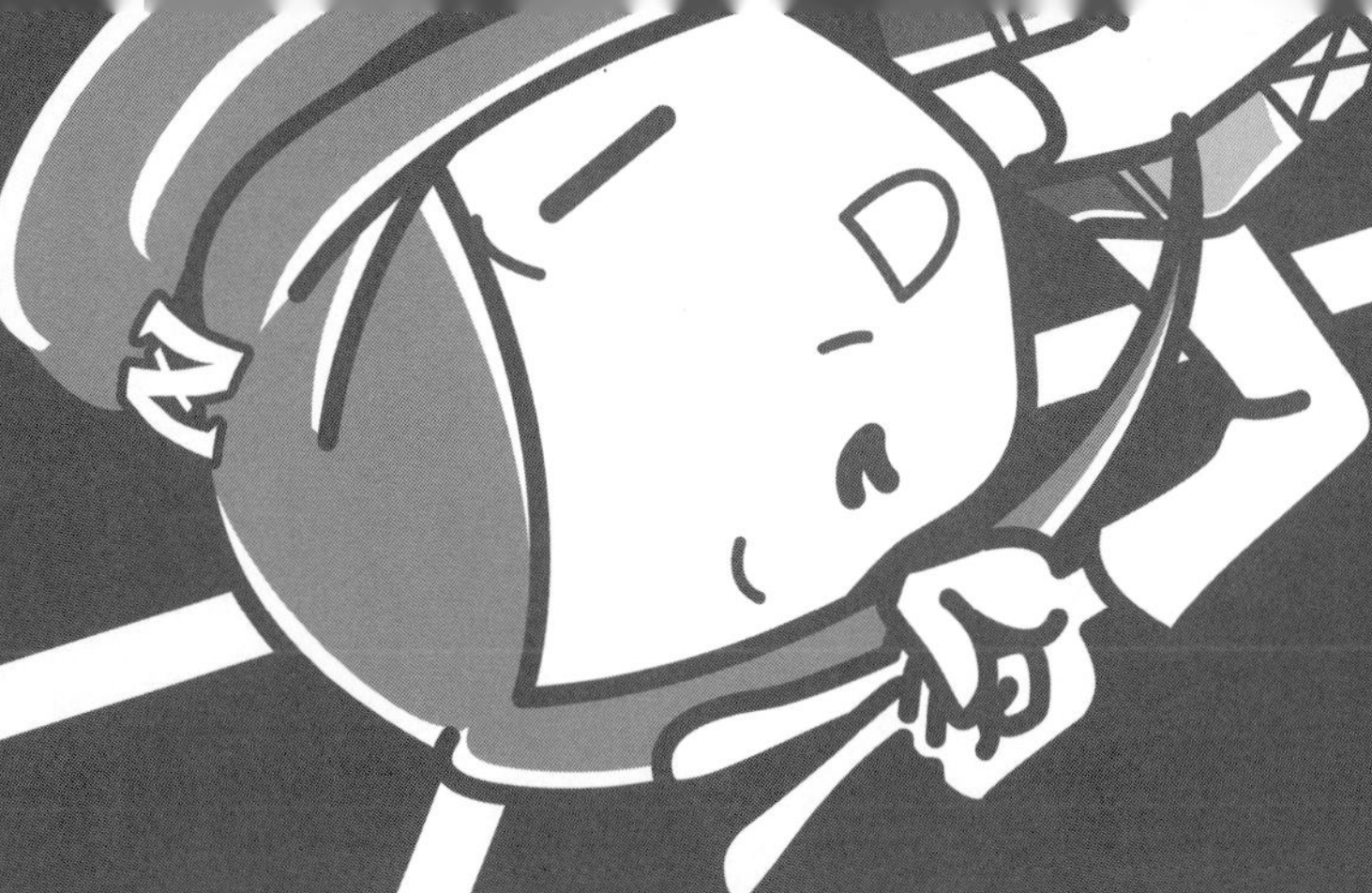

第Ⅱ部 ライフステージから見る「気になる子」への支援

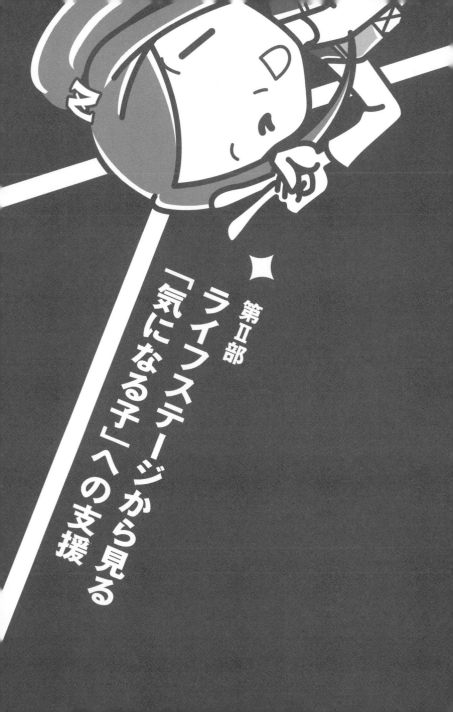

第Ⅱ部では、発達障害のある子の「ライフステージ」に焦点を当てます。成人期の発達障害のある人の就労支援・生活支援を皮切りに、思春期・青年期という難しい時期にある発達障害の生徒たちの理解と支援、学童期の支援、就学前の支援……と、ライフステージをさかのぼる形で支援について学びます。途中、保護者や家族への支援や、「気になる子」への個別指導、さまざまな子どもたちのいる学級での指導についても触れます。

file 5

発達障害のある成人の支援と人的環境のユニバーサルデザイン

梅永雄二

阿部利彦

一九〇年代の就労支援

阿部　私が初めて支援の仕事を始めたのは、東京障害者職業センターで、そのときの上司として梅永先生がいらしたんですよね。

梅永　そうでしたね。あれから二五年くらい経ちますかね。

阿部　先生はあまりお変わりになりませんね。当時、私は「生活支援パートナー」という仕事を担当していました。今で言うところのジョブコーチでしょうか。障害のある方と一緒に事業所に行き、直接支援するという仕事でしたが、実際は多岐にわたる支援内容でした。通勤の経路、タイムカードの押し方、各種仕事のやり方、トイレの使い方、昼食および昼休みの過ごし方……私自身模索しながらの仕事でしたが、どう対応したらいいかわからなかったとき、梅永先生に実践的なアドバイスをいただいて心強かったです。

梅永　仕事が終わってからも、勉強会やりましたね。センターの有志が集まって。当時は「ＡＢＡ勉強会」という名称で、障害者職業カウンセラーや特別支援学校教諭、福祉施設職員などと援助付き就労やＴＥＡＣＨ、アセスメントなどに関する勉強会を行っていました。

阿部　ええ。本当に勉強になりました。

クリーニング屋さんでの仕事などは、四二度の気温の中で一日中立ち仕事だったので、かなり疲労していましたが、大学で勉強したことよりかなり頭に入りました。なにせ「自閉症」についても、すべて知的な遅れを伴うものだと思い込んでいましたから。

梅永　初めて一緒に担当した松本さん（仮名）は、まさに高機能自閉症（ＨＦＡ）の青年でした。

阿部　あのとき「自閉症のある、知的に高い人」と初めて関わったことは、私の固定概念が覆った経験でした。

梅永　実は僕も、最初松本さんを知人から紹介されたとき、ＨＦＡとは思ってなかったんです。彼はシステムエンジニアで、コンピューターに関する資格も持っていました。当時はそういう資格を持っている人は珍しく、貴重な人材でした。でも、営業も任されていて、営業先でうまく取引先の人とコミュニケーションができず、苦情が寄せられるようになりました。それで仕事を辞めざるをえなかったんですよね。

阿部　そうでした。

梅永　彼は高校時代、変わった子という印象だったらしいです。勉強はできる、ブラスバンド部に所属していてソロの演奏はうまいけれど、周りに合わせることができない。松本さんにお会いしていろいろお話を聞くうちに、ＷＡＩＳ（ウェクスラー成人知能検査）を受けてもらうことにしました。そんなことで、当時はＨＦＡと言っていたけれど、今で言う「自閉スペクトラム症」であることがわかっていったんです。

阿部 私は、彼を集団の就職相談会に連れていったこともありました。

梅永 彼は、当時(障害者)手帳を持っていませんでしたよね。その相談会は知的あるいは身体の障害者手帳を持っている人が対象だったので、なかなか大変でした。でも、あるエステの会社がコンピューターに強い人材を求めていたので、ちょうどつながりました。

阿部 あれ? あのときうまくいかなかったですよね。個別面接の日程が一度決まったけど、松本さんが断っちゃって。

梅永 実はね、うまくいきかけたんだけれど、松本さんはすぐに本屋さんに行ってそのエステの会社を調べたんですね。そして、その会社の広告が載っている女性誌を購入して、また会場に戻り、人事担当の人に見せたんです。そのとき「私はこういう雑誌は嫌いなんです」と言いました。それで担当の人は「断りにきた」と受け取ったわけです。

阿部 確か「ただ広告が載っているのを知らせ、同時に、こういう雑誌は嫌いだという事実を言っただけ」だった。それが先方に「お宅の会社で働くのは嫌だ」という意味にとられるとは思っていなかったんですよね。

梅永 そうですね。当時は松本さんみたいな知的な遅れのない発達障害の人は、手帳が取れなかったのですが、今では、障害者基本法が改正されて精神障害者に含まれるようになったり、発達障害者に特化した支援のシステムも出てきたり。発達障害者支援法によって、そういう変化が出てきましたね。

阿部　松本さんご自身は、手帳を申請することに抵抗がありましたね。そういえば、彼は感覚過敏があって、点字ブロックの上を歩けませんでした。それで、どこに同行するときも大変でした。

梅永　それにいつも同じ服にこだわっていましたね。

阿部　松本さんについても、ご自身が発達障害である、ということの受けとめって難しかったと思うのですが、最近の状況で、そのあたりいかがでしょう?

梅永　宇都宮大学にいた二〇一四年までは他大学と連携していました。医療でないと診断できないので。それでも自分の障害特性に気づくということはなかなか大変なことではありますが。あと、親戚のおじさんがたまたまテレビでアスペルガーの特集を見ていて、「甥っ子にあてはまるな、と思って」という流れで、四〇歳近くになって専門機関につながった、というケースもありました。何度も解雇されていた方ですが、特例子会社で障害者雇用を前提にしている会社に就職できました。ご本人が自分の障害を認められても、ご両親が納得しないというケースもありますけどね。

阿部　職場の理解、ナチュラルサポートが大事だということも、先生から学びました。

梅永　有名大学を出た頭のいい方がいましてね。でもお風呂に入らなくて、ずっと同じ服で、しかもいつも笑っている、という感じで、若い女子社員から「有名大学出とか言ってもウザイ」とか「キモイ」と言われていた人がいました。で、社員全員に自閉スペクトラム症について説明をさせてもらいました。その結果、周囲の理解が深まり、支援してくれる人も増えました。他には、会社のあるビルの地下にコンビニがあって、休み時間にそこで立ち読みして声をあげたり、へらへらしているので、挙動不審に思われた人がいましたね。そこで、お昼休みの過ごし方を具体的に話し合いました。

阿部　休み時間の過ごし方の具体的指導、余暇スキルなども大切ですね。

梅永　私たちが最初に出会ったころに比べれば、マスコミ、ネットとかの影響で抵抗感は少なくなっているのかもしれません。関東地方にある特例子会社がありますが、そこには四種類の支援職の方がいます。2号ジョブコーチと言われる企業内ジョブコーチ、職場内カウンセラー、職場内サポーター、そしてワーカーさんです。発達障害に限らず、働いている人に問題が起こったとき、それが蓄積して専門機関に行くときにはかなり重篤な状況になっていることがあります。ですから予防就労支援が重要なんです。その会社には些細なことでも聞いてくれる人がいて、そしてすぐに改善してくれるのです。

阿部　具体的には、どういった支援をしているのですか？

梅永　例えば、工場長がご退職になる、といったことでも不安になる人はいます。その場合、今度はこの方が来ますよ、と写真などを見せて見通しを持たせることにより、安心してもらうことができるわけですね。高齢・障害・求職者雇用支援機構が、発達障害を雇用した会社を表彰しています。ある年はこの会社が最優秀賞を取りました。自閉スペクトラム症の人は離職率がどうしても高くなるのですが、ここは離職者がゼロなんです。つまり、定着のための支援がいかに重要かということです。

阿部 なるほど、就労までの支援も大事だけれど、「定着の支援」が大事なんですね。

梅永 結局僕は、本人を変える支援よりも、周囲を変える取り組みが重要だと考えるようになりました。だから、あまりSSTには期待していません。

阿部 えっ、東京障害者職業センター時代、一緒にSST指導をしていましたよね？

梅永 ええ。でも例えば、ある女性に買い物スキルを教えたら、その後三〇万円の化粧品を買ってきてしまいました。コミュニケーションが広がった男性は、四つの宗教団体に入ってしまいました。実は、人との関わりが広がることによって、格好のターゲットになり狙われやすいのが発達障害のある人たちです。だまされやすいし、むしろ、SSTを教えなかった方が問題はなかったくらいなんです。本人を定型発達に近づけるのではなく、周囲の環境を変えていくということです。同僚や上司に、「こういう能力はあるけれど、一方でこういうことはできない」ということを理解してもらう。そして合理的配慮をお願いしているのです。

古いSSTの考え方からの脱却

梅永 それに、アスペルガー症候群の人の場合、仕事の内容、レベルが高すぎて、我々にはジョブコーチとして支援できないことも多くなりました。仕事そのものをコーチングできないんですね。課題分析できない仕事内容なんですよ。今は「ジョブコーチ」ではなく「ジョブコーディネーター」という感じです。仕事のことではなく、その他の状況を理解してもらうんですね。ある女性は、後ろから声をかけられるとパニックになる、だから前から声をかけてください、とか。休み時間は一人でいたいので、気をつかわずにそのままにしてあげてください、といったことです。CAD（コンピュータを用いて設計をすること）の仕事をするときは、座席の位置を一番端にして前が壁になるようにしました。人の視線が気になるから「構造化」ですね。更衣室のロッカーも端にしてもらいました。

阿部　職種が専門化しすぎて、もう仕事自体の支援はできなくなったんですね。なるほど。

梅永　そういう企業は増えてきています。企業の方が学校より支援が上手なくらいです。学校は、いまだに社会性とか集団活動とか言いますよね。定型に近づけようとする。

阿部　あの当時は、SSTをすごく重視されてましたよね。

梅永　むしろ考え方が逆になったんです。僕はたくさんお金をかけてSSTの研修とか受けていたんですけどね。SSTは統合失調症の方には効果的だと思いますが、発達障害の方の場合は違いますね。SSTではなく、SCIT（Social Cognition and Interaction Training）、つまり社会認知トレーニングの方が効果的ですね。職場のマナーとかルールを教えていくということです。バロン・コーエンが言うように「心の理解」は難しいから、相手の気持ちを考えなさいと言っても無理なんですよ。「上司に失礼だ」「場をわきまえなさい」と言われてもできないんです。それよりも、具体的なルールとして決めていくということですね。上司の前を横切らずに、後ろをそっと通りなさい、とかね。

阿部　「あいさつしなさい」と言っても、誰にあいさつしたらいいかわからない、という人もいます。

梅永　そういう場合、例えば、入口に立つと非常口の看板が見える、それに向かって大きな声で「おはようございます」、帰りには同じ位置に立って「失礼します」とあいさつする。人との関わりじゃないですよ。「このルールでどうでしょうか?」と職員の皆さんに聞いたら「かまわないよ」と言ってもらいました。

阿部　なるほど、それなら本人もわかりやすいですね。

梅永　僕は「個別非常口プログラム」と名づけたんですけどね。彼には相貌失認症があったので、誰にあいさつしたか、よくわからなかったからです。それで就労から一〇年目になります。古いSSTの考えはダメですね。長く臨床やってきたけれど、学校教育みたいに「集団生活を」とか「みんなと仲良く」とか「社会性を持つように」って、やらなくなりました。考え方が学校と違うかもしれません。

阿部　確かに、今の学校の考え方では課題があると思います。集団生活とか「みんな一緒に」とか、そういうことが偏重されていますね。では、学校の中で何を学ばせてあげたら、発達障害のある子に就労の道がさらに開けると思われますか?

梅永　職業リハビリテーションでは、「ハードスキル」と「ソフトスキル」というのがあります。仕事そのもののスキルを「ハードスキル」と言います。スーパーマーケットだったら、パッキン

表 5-1　就労に関連するソフトスキル

1．身だしなみ
(1) 職場にマッチした適切な服装をする（季節感も意識する）
(2) 従事する職種に合った適切な長さの髪の毛，髪の毛の色にする
(3) 男性の場合は髭をそっている
(4) 毎日入浴している（体臭予防のため）
(5) 歯を磨いている（口臭予防のため）
(6) 爪を切っている

2．時間の管理
(1) 遅刻をせずに出勤する
(2) 昼休みに時間を守り仕事開始時間前に持ち場につく

3．余暇の使い方
(1) お昼休みに適切な余暇を取る（新聞や雑誌を読む，音楽を聴く，短時間のゲームなどの趣味，コーヒーを飲む，仮眠する，同僚と会話をする，体操や散歩などの運動をする，など）
(2) 一日の仕事が終わったあとの余暇を楽しむ（自宅でテレビや DVD・ビデオを見る，本を読む，ゲームをする，音楽を聴く，自宅外でスポーツクラブに行く，習いものをする，友人と会う，カラオケに行く，一緒に食事をする，お酒を飲みに行く，など）
(3) 一週間のうち，週末の余暇を楽しむ（自宅でテレビや DVD を見る，ゲームをする，音楽を聴く。自宅外でスポーツクラブに行く，習いものをする，友人と会う，カラオケに行く，映画やコンサートに行く，スポーツをする，一緒に食事をする，お酒を飲みに行く，など）
(4) 一か月およびそれ以上の期間における余暇を楽しむ（旅行に行く，など）

4．日常的な家事労働を行う
(1) 買い物（食品および日常生活に必要な買い物をする）
(2) 炊事（調理をする，食器を洗う，片づける）
(3) 洗濯（洗濯機を使う，洗濯物を干す，洗濯物を取り入れ片づける）
(4) 掃除をする・部屋の片づけを行う（掃除機をかける，テーブルや窓などを拭く）

5．対人関係（チームワーク）・コミュニケーション
(1) 職場に来た時に「おはようございます」，職場から帰宅する際に「失礼します」の挨拶を行う
(2) 職場内で上司・同僚とすれ違った際にお辞儀をする，あるいは「お疲れ様」などの挨拶をする
(3) 職場で一緒に働く同僚・上司に不快感を与えないような言葉遣いを行う (敬語なども含む)
(4) 行わなければならない仕事を確認する
(5) ミスをしたら素直に謝る
(6) わからないことは質問する
(7) お礼を言う
(8) トイレなどに行かなければならない場合は許可を得る
(9) やむをえず遅刻や欠勤をする場合には連絡を入れる
(10) 職場のマナーやルールに従う

6．金銭管理
(1) 無駄遣いをしない
(2) 貯金をする
(3) 高額なものは計画的に購入する

7．その他
忍耐性，柔軟性，意欲，など

グとか品出しの仕事とか清掃とか。一方「ソフトスキル」は、直接的な仕事に関することではない、例えば通勤であれば「遅刻しないようにする」などです。対人関係も入ります。あとは余暇の問題。学校の余暇というのはいつも友だちとですよね、でも我々の考えは「一人で楽しむこと」です。

阿部　余暇というのは休暇以外も含まれますね。

梅永　はい、会社の休み時間などもそうですね。僕が関わったある女性、すごくＩＱの高い方でしたが、若い女性向けのアパレル関係の会社に就職しました。彼女は英語も得意だし、コンピューターもできます。その人はお昼休み、オフィスに一人でいます。するとあるとき、つけっぱなしのパソコン画面がちらついて気になってしまった。それで全部電源コードを引き抜いちゃったんです。

阿部　えー！　コードを？

梅永　上司の作成しかけの書類とかが全部消えちゃった。その後、彼女には昼休みの過ごし方を指導しました。

阿部　余暇スキルを指導する場合には、ケースバイケースですよね。

梅永　そうなんですね。ある人は「お昼休み三〇分間はゲームをして過ごす」とか。そういえば、ある男性は自動販売機の横のベンチが好きでね。ちょっとうす暗くて落ち着くそうなんですね。休み時間は一人でいたいんです。でも店長が「さみしそうだから」と思って声をかけようとした。でも、本人は放っておいてほしいんです。まあ、自閉スペクトラム症の場合、人と関わらない余暇、一人の余暇が大事ですね。

阿部　なるほど。

梅永　彼らは設計とか数学的なことが得意で、音楽など芸術的なセンスもあり、能力的に高い人たちなんです。仕事はすごくできるわけです。そういうところを大事にしてくれるのが欧米ですよね。

　デンマークには「Specialisterne」というアスペルガーの人だけの会社があります。ITコンサルティングサービスを提供する会社です。それから、数年前に、ハリウッドにアスペルガーの人の職業訓練校ができたんです。「Exceptional Minds」といいます。CGの会社で、世界中からアスペルガーの人が集まってきます。

阿部　その会社は映画『猿の惑星：新世紀』（二〇一四年）などを手がけていますね。すごくリアルで素晴らしいCGでした。そういう会社は日本にもあるのでしょうか？

梅永　都内にあるIT関係の企業で、高度なコンピュータプログラミング言語を扱っています。そこでは他の社員と会話しなくていいんですね。コンピュータプログラムの世界大会に出るような人たちが働いています。シリコンバレーと同じですよ。フリースタイルで仕事に来るという。

阿部　よく考えると、アスペルガーの人に特化した仕事が増えているかもしれませんね。昔みたいに蛇口の組み立て訓練なんて意味ないですものね。

梅永　製造業の求人は、今、東京のハローワーク一七か所でほぼゼロに近いです。地域によってはそういった求人などもありますが。

知的に高い人たちのスペシャルエデュケーションが必要

梅永 アスペルガー症候群の子どもは、特にもっている力を引き出すような教育が必要です。よくアスペルガーをカミングアウトしていたり、アスペルガーじゃないかと言われている有名人や経営者の中には、子ども時代に学校に行けていなかったり、中退している人もいる。日本でも、知的に高い人たちのスペシャルエデュケーションが必要なんですよ。早期にわかれば、特別支援教育を早くから進められる。体育が苦手な子に体育なんてさせる必要はない。コンピューターが得意なら、それに一点集中でもいいんですよ。

阿部 本人の持ち味を活かすほうに力を注ぐと。

梅永 「人と関われない障害」なのに、無理に人と関わらせようとする、これは虐待みたいなもんです。視覚障害の人に対して、見えるようにする訓練なんてしないでしょう。もちろんアセスメントに基づいてですが、無理に対人訓練をすることはしないということです。先に形ありきの指導「社会性」とか「集団」とか、そういう教育あるじゃないですか。そうではなくて、個別に合理的配慮をして、個別の就労支援計画を立てる。そうしなければいけないんです。個別の余暇も。余暇について言うと、当然変わってくるかもしれません。最初は一人がいい、と思っていたけれど、二、三人の人と会話が楽しめるようになることだってあるわけですから。

阿部　余暇も変化するということですね。

梅永　職場に「聞き上手」の人とかいれば、変わってきますよね。でも、丁寧だからいいってわけでもなくってね。厨房の仕事をしている人がいるんですが、同僚はみんなヤンキーみたいなんです。僕、正直言って怖くてね、「大丈夫かな」と思ったけど、みんなナチュラルに接してくれて、発達障害だとか関係なく、とにかくかわいがってくれるんです。褒めてくれる。それでその人は仕事が続けられているんですね。

阿部　「その人を変える前に、まず環境を調整する」。私の支援は、そういう梅永先生の発想に近いです。私は「人的環境のユニバーサルデザイン」と言っています。また、クラス全体を変えるような「ユニバーサルSST」という視点とも共通点があるなと思っています。

梅永　SSTが必要なのはアスペルガーの本人ではなく、同僚にSSTをするんです。周りの人たちにアスペルガーの人と関わるスキルを教えるんです。僕が留学したノースカロライナでこういうことがありました。アスペルガーの小二の女の子がいじめられていたんですね。で、学校から依頼があってTEACCHセンターから職員が周りの子どもたちに説明に行くことになりました。どういうことをするのかな、と思ったら「これからDVDを見せます」って言うんですよ。

阿部　講義とかをするのではなく、DVDですか？

梅永　そう。その内容はアイザック・ニュートンやモーツァルトの子どもの頃をイメージした映像でね、それを見ていると子どもたちがざわざわしてくるんです。気が付くと、もともとクラスには偉人としてニュートンやモーツァルトが貼ってある。その後、今の子どもたちの映像が映るんです。アスペルガーの子どもたちで「ぼくいじめられるんだ」とか「私、変わった人と言われるの」。だんだん、あれあの子に似てるよね。そういえば算数得意だよね、歴史も暗記してるしね、って反応が起こるんです。いじめていた子をリスペクトさせる「リスペクト・エデュケーション」っていうんですね。あいつ天才なのか、ってなるわけですよ。

阿部　まさに人的環境を整える、ですね。「環境とのマッチング」という視点で、今教育分野でやっているんですが、梅永先生から学んだことは私のベースになっているんですよ。

梅永　イギリスではバディシステムという、発達障害や知的障害の子とクラスの中で強い子をペアに組んで協力させるシステムがあります。

ところで、日本人の方ですが、過呼吸になってしまって人とうまくコミュニケーションできないという人もいました。でも就労した会社の理解があって、コミュニケーションは声かけによるものではなくてすべて文字で対応してもらっています。

阿部　私がよく聞くのは「うちの子は料理が好きで、学校がお休みのときとかに料理を作るので、将来は料理人に向いていると思うんです」というようなことです。余暇に趣味で料理をするというのはいいですよね。自分の作りたいものを自分のペースで作れる。でも料理人はオーダーがあって、数も決まっている。同じようなものばかり作らなければならない。得意なことや好きなことを追求して将来の仕事につなげていく人と、好みの活動は余暇スキルとしてとっておくべき人がいると思うのですが、そのあたり梅永先生はどう思われますか?

梅永 阿部先生の言うとおりだと思います。料理人は、日本では特に難しいかもしれません。海外では、天才シェフの中に自閉スペクトラム症の人はいますが。日本で言えば『美味しんぼ』の海原雄山のモデルだと言われている魯山人もアスペルガーだったのでは、と言われています。野菜がどこの産地か食べてわかる。ソースも舐めただけで配合がわかる。そういう絶対味覚の持ち主だった。しかし対人関係には問題がありました。日本では、そういう人は下積み時代にうまくいかないことが多いですね。ラーメン屋さんとかで、修業、修業ってね。すごいいじめにあうこともあるようです。日本の職人的料理人は若い時に上下の人間関係を強要されるので、うまくいかないこともあるのです。でも、これからの日本ではアスペルガーの天才シェフが登場するかもしれませんよ。

阿部 日本は何と言っても、気合、根性の世界ですからね。

梅永 ええ、難しいですよね。

阿部 例えば、電車が好きだからって鉄道会社に勤める。これも残念ながら「こだわり」が就労定着にマイナスに働くことはありませんか?

梅永 ありますね。電車ではないけれど、あるマスコットキャラクターが大好きな人がいて、関連する会社に職場実習のために連れて行ったことがありますが、遊んでしまって仕事になりませんでした。その人は、ほかに電車も好きだったので、次に電車の吊り広告を取り替える業務に就きました。人が乗っているときに交換するのですが、その人たちを無視してやるので苦情がきました。今は電車の車庫で洗車をする仕事をしています。これぱっかりは職場実習をしてみないとわかりません。

働く発達障害者をどう支援するか

阿部　援助要求スキルに課題がある人も多いですよね。

梅永　これはね、最近はメールやＬＩＮＥを活用させています。音声コミュニケーションより使いやすいんですね。あとは、援助要請の仕方をマニュアルにしておく必要がありますね。時間も決めておきます。５Ｗ１Ｈを教えるように「いつ・誰に・どのように」伝えるかということです。やはり視覚支援から入るということです。ヘルプカードを持たせる場合もありますしね。学歴が高い人でも、インフルエンザで四〇度の熱があっても休めずに職場に来てしまう人がいました。自分の病状も説明できなくてね。

阿部　自分の状態がうまく把握できていない人もいますよね。セルフモニタリングの機能に問題があって。

梅永　自分の病状がどれだけひどいものか、というのがわからない人もいます。「毎朝体温を測って〇〇度以上あったら報告する」という方法にしました。わかりやすく健康チェックできますからね。体温ではありませんが、温度ではこういうこともありました。大学にトレーニングに通ってくるお子さんがいて、ある日トレーニング中に服を全部脱いでしまったことがありました。いろいろ調べたら、室温を二三度にしたときが一番集中できたんです。自閉スペクトラム症の子や人は温度が低めの方がいいような気がしますね。その人によって温度、におい、人の動き、いろいろなことが影響します。

阿部　私が出会った人では「床の模様がだめ」というケースもありました。

ところで、体調が悪いとき、勤め先に連絡を入れて、自分の状態を説明して休みを伝える、ということが難しいんですね。それは「ほうれんそう（報告、連絡、相談）」ができない、ということではなく、「ほうれんそう」の仕方がわからないということですよね。

梅永　まとめる、ということができないから、報告書は形式を決めておく。これはかなり効果的です。ちょっと話がそれますが、学歴が高い人で、自分でお昼のメニューが選べない人がいました。付箋に書いて選ばせるという方法にしたらうまくいきましたね。選択肢をわかりやすくするのです。「何にするの？」はだめです。

阿部　「何か困ったことない？」という聞き方もわかりにくいということですね。

梅永　今、日本には三万の職種があると言われています。その中からその人にあったものを探す。

そして職場に理解してもらう、それが僕らの仕事だと思っています。
でも、ジョブコーチの多くは知的障害の専門が多いので、支援については課題分析と視覚支援しかない。アスペルガー症候群などを専門にする人はあまりいないんです。今は、高度な内容の仕事が主で、僕らジョブコーディネーターが支援するのはソフトスキル、ライフスキルのところです。

阿部　先ほどおっしゃっていた「遅刻せずに出勤する」とかですね。

梅永　そう。時間、服装、衛生面ですよね。あるアスペルガーの人は、頭が洗えていなかったんです。シャンプーを頭につけてなでるだけ、洗い流していなかったんです。大人になっても流していなかった。

阿部　確かに「頭の洗い方」なんて教えませんよね。学校段階の保護者は、どうしても学習、お勉強ができることに価値を置く場合が多いですよね。でも、それこそ靴ひもも結べない人もいる。

梅永　アスペルガーの人で医学部に進む人も多いんですが、それこそ手先が不器用な人も多くて、試験に受かっても、実習の段階でついていけない人が出てきます。途中から他学部に転部する学生も多いようです。そうでなければ、患者さんを相手にしないですむ研究医になるとかね。手術は苦手だから。特に外科は手術や冷静さが大事でしょう。それに、医学部は縦社会。先輩の言うことは絶対だから。そういう人間関係で挫折してしまうんです。

シリコンバレー・シンドローム

梅永　少し話がそれますが、日本での障害者雇用は二％、とG7の中では低いですよね。日本では大抵の場合、障害者の雇用というのは、決められた雇用率達成のためにされているんですよ。

阿部　確かにそういう感じは強そうですね。

梅永　パソコンのリセットの作業だけを担当して、一日中同じことをやっている人もいます。自分が気に入っている仕事だと、アスペルガーの人は飽きないですから。

阿部　コンピューター関係の仕事、と一口に言ってもずいぶん幅広いですね。仕事はますます細分化しているんですね。

梅永　アメリカでは、アスペルガーのことを「シリコンバレー・シンドローム」と呼んでますからね。自閉症当事者として著名なテンプル・グランディンさんが、シリコンバレーの労働者の四分の一、NASAの職員の五割が自閉スペクトラム症だと言っています。

阿部　アメリカでは、苦手があってもよくて一点集中型だし、人間関係もそんなに重視していないと聞きます。

梅永　日本は、横のつながりを大事にする考え方ですよね。そして、苦手があってはいけない、いろんなことがバランスよくできなければという考えです。

ところで、大学の履歴書ってありますよね。僕がアメリカに留学するときにね、アメリカに問い合わせたんです。「どんなフォーマットですか?」って。そしたら「フォーマットって何だ?」って反対に聞かれましたよ。あと、アメリカの履歴書では写真を貼らないんですね。人種で判断しないように。それに年齢で判断しないために生年月日を書かない。名前は、僕の場合Y．UMENAGAと書く。男性か女性かで判断しないように。もちろん、障害のことも書かないんですよ。アメリカの履歴書は自由だから、自分をアピールしようと思えば自由にできますよ。自分を企業にうまくプレゼンテーションできるように子どもを育てているんです。だから保護者も子どもを褒めます。そのよさを自覚し、アピールできるようにね。もちろん資格は書かされましたね。

阿部　日本とはずいぶん違いますね。

梅永　そういえば、MIT出身の人が履歴書で受からない、ということがありました。その人はアスペルガー症候群でしたが、既往歴に三歳ではしか、四歳で風邪、とか全部覚えていてもらさず書いてしまうので、すごく病気がたくさんある人と思われて落とされていた、というケースでしたね。記憶力がよすぎるんです。だから履歴書の書き方も教えました、そういうのは書かなくていいんです、と。日本の履歴書なんて「健康状態」のところはみんな「健康」って書くし、「性格」のところは九九％「明朗」って書くでしょ。誰も「暗い」なんて書きませんからね。

阿部　ある意味、正直すぎて、それで損をしてしまう。

成人期の支援で大切なのは「人的環境を整えること」

阿部　例えば、大人になって詐欺にあったり、犯罪にまきこまれてしまうケースってありますよね。高い英語の教材やふとんを買わされたりね。どうしたら防げるんでしょうか?

梅永　ライフスキルの支援では、その人がどんなところに住んでいるか、一日のスケジュールの把握、一週間、一か月の予定をきちんとアセスメントすべきです。特に通勤、昼休み、仕事が終わった後に問題が起きやすいですね。阿部先生、一緒に支援した牧さん(仮名)を覚えていますか。

阿部　覚えていますよ。スーパーに就職できたんですよね。彼も大学を出ていますね。

梅永　彼、大学で銀行論を勉強しているって言ってたけど、実は銀行の会社名を覚えているだけでしたね。

阿部　彼は日本中の銀行のクレジットカードを集めるのが趣味でしたが、その機能をよくわかっていなくて、先輩たちにずっとおごらされていたそうですね。「このカード使うと、ここの支払いがただになるんだぜ」ってだまされていた。

梅永　牧さんはそういう被害にもあっていたんだけれど、その後、お金にこだわりができました。職場の帰りにお金を借りにいってしまうようになったんです。それで借金がどんどんふくらんでしまった。そこで、仕事が終わった後の帰り方を支援しました。つまり、ライフスキルサポーターというかね、ライフスキルカウンセラーといったところでしょうか。いろんな勧誘などがあるからか、援助つきアパートというのも増えてきました。新聞の勧誘とかをする人は、それこそSSTがすごいから、発達障害の人がいくらSSTを勉強していても歯が立たないですよ。ひどい人は六社と契約してしまいましたから。援助つきアパートだと、そういうのを全部断ってくれますからね。

阿部 生活面の支援というのが大事ですよね。でも学校では教えてくれませんよね。

梅永 学校で教えてくれたら助かりますが。発達障害の子に教えなければならない一一項目というのがあります。「1移動能力、2身辺自立、3医療・保険、4居住、5余暇、6対人関係、7地域参加、8教育・就労、9お金の管理、10法的な問題、11毎日の生活」で、IEP(個別教育計画)でも示されているんです。まず「移動能力」。ADHDやLDの人は方向がわからなくなって待ち合わせの場所に行けなかったりします。自閉症の人の場合、満員電車に乗れないとかね。次が「身辺自立」、お風呂、服装の問題です。こういうのはすべて個別ですよね。地域差がありますからね。

阿部 移動と言えば、ニュースにもなりましたが、栃木県に梅永先生が関わられている発達障害に特化した自動車教習所がありますね。

梅永 東京ではいらないかもしれないですが、栃木県で就労するためには自動車の免許が必要なんですね。アスペルガーの人の場合、学科はいいんだけど不器用な人が多い。でも素晴らしいのは、免許取った後は律儀に制限速度を遵守するんです。標識も守るし、安全運転です。

阿部　優秀ですね。

梅永　ただ、教習所ではガソリンの入れ方を習わないので、ガソリンを補給しなくて途中で車が止まっちゃった、ってケースはありました。だからメーターに目印を貼って、真ん中になったらガソリンスタンドに行って満タンにする、というパターンにしました。場所も決めて、セルフのスタンドにしました。人がいるとだめなんですね。セルフは構造化されていますから。

阿部　なるほど。

梅永　ＡＥＤの研修に入れない人もいました。教習所だから茶髪の人もいます。昔いじめられたから、そういう人が苦手で一緒にできませんでした。そこで、個別にＡＥＤの時間を設定しました。学科の講義では、人の視線が気になり集中できないからといって、自分で手作りのパーテーションを持ってきていました。教習所の職員は人選して、支援が上手な人だけにしましたし、発達障害の研修もあります。また、コーディネーターとして発達障害に詳しい人が働いています。もちろん専門家として携わる教習所の指導員の給料は上げられていました。

阿部　教習所といえば、私の研修会に、少年課の担当とか家裁調査官の方たちが参加することが多くなっています。先生も、よくそういうところに招かれるんじゃないですか？

梅永　僕も、少年院の教官とか家裁調査官にも話をする機会があります。もともとＷＡＩＳの解釈について講義をしていたんです。そのときにアスペルガーのことを話したら、すごく質問がきました。その頃、発達障害という診断の人が増えてきているということで、その後いろいろな鑑別所や少年院に見学に行きました。やはり対人関係の支援が重要ですね。

阿部　やはり教官や調査官がまず発達障害のある人との関わりを学ぶ、SSTを学ぶのは障害のある人ではなくて、関わる支援者の方ですね。教育と同じように成人期の方の支援でもまず人的環境を整えることがポイントですね。

file 6

思春期・青年期の「気になる子」への支援

小島道生

阿部利彦

「自尊感情」と「自己肯定感」

阿部　最近、自尊感情とか、自己肯定感とか、自己効力感とか、自己有能感とか、いろいろな言葉が飛び交っていますが、まず「自尊感情」と「自己肯定感」というのは、基本的に同じものとして扱っていいんでしょうか。

小島　「自尊感情」というのは、「セルフエスティーム」という英語の訳語で、心理学の学術的用語として使われています。自尊感情の測定に関しては、ローゼンバーグという人の有名な尺度があります。その尺度を使って日本人の自尊感情を測定しようとすると、一部の項目が日本人になじまないということで、もっと違う尺度を用いた方がいいのではないかという提案や研究がなされていたりしています。その流れの中でより日本人になじみやすいものとして自己肯定感尺度という新たな提案をされている方もいますし、立命館大学の高垣忠一郎先生という方が臨床心理のお立場から『生きることと自己肯定感』（新日本出版社、二〇〇四）というご著書を出されていまして、高垣先生がお使いの定義を使われている場合もあります。

現場でも、自尊感情と言うとちょっと難しいというか、とっつきにくいことがあるので、教育的な場面、あるいは子育てをする場面で、何となく子どもが肯定的にとらえられるとか、いいイメージだということでどちらかというと自尊感情より自己肯定感という言葉が使われていると。ただその定義はと言われたときには、あいまいな部分もあるというのが現状かと思います。

阿部 自尊感情がセルフエスティームだというのはわかったんですけれども、自己肯定感というのは英語では？

小島 自己肯定感の英語は「Self-affirmation」とする場合もあるようですが、セルフエスティームを自己肯定感と訳す場合もありますので、今の流れだとほぼ同じ意味に近づいてきているかなという印象もあります。

阿部 自己肯定感というのはどちらかというと日本的な言葉なんですね。

小島 自己肯定感というのは一般的な用語として定着してきているので、現場でも自尊感情という言葉と混在化していますね。基本的には自分のことを肯定的にとらえている、感情的あるいは評価的な側面を持つ言葉と言えると思いますが。ただ、私自身は自己肯定感という言葉はあまり使わないです。私は、心理学という立ち位置の中で、自尊感情という学術的に使われている言葉を使って提案をしていくという立場になります。

阿部 特に一般の人々の間では、自己肯定感が高い人イコール自信過剰の人だと誤解されていることも多いようですが、自己肯定感、自尊感情が高い人というのは、他者への寛容性や他者との交流も含めて社会性があるというわけではないんですか。

小島 これは自己肯定感にも通ずるところだと思うんですけれども、自尊感情については、極端に高かったり低かったりするよりも、適度に高いくらいが精神的には非常に安定した状態ではないかと言われていますね。極端に高いと、他者から意見を言われたときに素直に受け入れられずに攻撃的になってしまうとか、低いと自信も低すぎてそもそも意欲的になれないとか、人とつながりにくいということが言われたりします。

ただ最近は、特に青年期、思春期においては、自尊感情の高低よりも安定性の方が重視されていますね。最近、私は「確固たる自分」という言い方をするのですが、ちょっとしたことで傷ついたり、ハイテンションになったりしないである程度ブレない、確固たる自分でいられること、たとえ失敗しても自分には他にもよさがあると思えることを意味します。そういった形で揺れと安定性というのが話題に上がっているところですね。思春期、青年期は、恋愛などで傷ついたり、受験で揺れ動いたりする時期なので、どう乗り切るかということは大変重要だと思います。そこで、どうやってある程度安定した自尊感情を抱いていけるよう支えていくかということが課題になりますね。

阿部　その自尊感情の安定性にとって大事な要素というのは何なんでしょうね。

小島　思春期、青年期というのはかなり変化が大きい時期ですが、その中で、緩やかでいいので持続的に安定した関係と言いますか、例えば自分の話を聞いてくれるカウンセラーの方がいるとか、あるいはどこどこの機関とはつながっていられるとか、人との安定した関係やサポートが適度にあるといいのかなと思います。ですが、それは幼児期とか学齢期のように、頻度が多くないとダメというよりは、節目節目とか年に何回かという区切りの中で受けられればいいと思いますね。
阿部 自分だけで抱え込まずに、誰かに援助を要求するとか、相談をする力というのも安定につながっているのでしょうか。
小島 それは非常に大事な部分だとは思います。最近は特に合理的配慮の流れで援助要請スキルなどが重要視されるようになっています。自分の苦手なところを受け入れて助けてくださいと言うことは、逆にとても勇気のいるというか、相手との信頼関係があってこそのことだと思います。したがって、援助要求の面ばかりが強調されると、本人にがんばらせすぎてしまったり、何となく強さやタフさがどんどん強調されていくような印象もあります。まずはやはり周りの人との関係の中から少しずつ積み上げていく必要性があるのかなとは思うんですね。

うまくいかない経験を多く積み重ねている子と振り返りを行うときのコツ

阿部 先生は、子どもと一緒に振り返る、その仕方が大事であるということをお話しされていたと思うんですけれども、なかなかうまくいかない経験を多く積み重ねている発達障害のお子さんと振り返りを行うときにはどのようにしたらよいでしょうか。
小島 一般的に他者と比較をして、自分はこう優れているというような部分が、いわゆる自尊感情、自己肯定感につながる大きな影響要因では当然あります。ただ、それだけではなくて、例えばつまずきのあるお子さんが、他者と比較して優れていると思うことは、やはりなかなか難しいことなので、以前の自分に比べてこういうことができるようになってきていると、そこをいかに気づかせてあげられるかが大切だと思います。「自己成長感」と言ってますが、特に学校現場とか支援に関わっている人が、他者との比較ではなくて、本人の中での比較、成長に気づいてあげることは大事だと思います。

阿部　例えば、以前はこういった状況のときにこういうふうにしてしまったけれども、今はこんなにコントロールできるようになってきているよね、みたいに、前と比較した自分の成長を振り返れるようにしていくということですね。やはりそういう意味でいうと、少し数値化できていたりするといいですよね。

小島　そうですね。客観的にわかる動画であるとか、数値化とか。私なんかはよく棒グラフや円グラフで示してあげたりしますね。発達障害のお子さんの振り返りをするときなどは、線グラフにして、このときはハイで調子が良かったとか、悪いときは落ち込んだとか、そんな感じで今年一年の中学校生活を振り返ろうかなどとコミュニケーションを取りつつカウンセリングを行うことはありますね。

学校現場だと、集団なのでどうしてもテストの点数とか、あるいは周りの子とのできるできないの比較が必然的に起こり得ます。そうではなくて、その子の中での成長を本人自身も実感できるような、教育評価まで考え出すとちょっと話は大きくなりますけれども、そういう実感、自己成長感を大事にしていただきたいと思いますね。

阿部　そういう意味で、「時間軸」というのは重要なんですね。

小島　そうですね。特に振り返りあるいは、見通しを持つということは非常に大事なことです。私は教育相談の中で、中学生くらいになってくると、自分で手帳を使って、ここは自分の楽しみだとかここは嫌なことがあるからストレスがかかるぞとか、整理してもらいますね。

阿部　そういうスケジュール管理をするのですか。なるほど。それは面白いですね。

小島　いわゆる自己管理というか、そういったところともつながっていくと思います。思春期、青年期以降の一つの発達課題と言うんでしょうか。幼児期、学齢期の間は他者管理というか、親御さんや周りの大人が支援してあげながら、うまくストレスを発散させたりとか、楽しみはここでとかいうふうに工夫したりしてあげられると思うんですけれども、徐々に大人に近づくにつれて、自分の中でそういう力を育てていく。時間の中で自分というものをしっかりととらえて、振り返ったり、あるいは見通しを持ったりということが大切になってくるので、時間軸が大事ですよという表現をしています。

阿部　失敗したときも、次はこういう策があるよねみたいなことを、一緒に考えていけるということでしょうか。

小島　そうですね。失敗経験というのはどうしてもあると思うんですが、時間軸の中で振り返って反省して、同じ失敗を繰り返さないためにはどうすればいいかなと考えるわけですね。そういう時間軸というのは、自立を見据えたときに大きな役割を果たすと思いますね。

阿部　それは就労に適切につながっていきますよね。

小島　特に、働いているとやはりつらいことはたくさんあるわけですが、お給料をもらったら自分の好きなものを買おうとか思えると仕事も続けられますよね。それって何だろうと考えると、ちょっと先のことを見通せる、将来の見通しを持てる力がついてきたということなんですね。希望を持てる生き方というか、自分で自分に対してご褒美を与えることができていく力が大事かなと、それをまとめて時間軸という表現を使っているんです。スケジュール管理をしていきながら、徐々に自分の感情とか、あるいは生きる楽しみと言ったら大げさかもしれませんが、時間の中で自分をしっかりと見つめ、とらえていける力を、中学生あるいは高校生くらいからつけていくことが大切だと思います。

阿部　すごく大事なところだと思うのでお聞きしたいのですが、こういう振り返りをしようとするとすごく嫌がる子がいるじゃないですか。失敗経験を積み重ねてきたからなのかもしれませんが、そういう振り返りに拒否感がある子と、そこをやり取りしていくときには？

小島　それは、こういう自尊感情のテーマをアプローチするときにある程度共通して言えることかもしれませんが、本人の体験を扱っていくのは、どちらかというと最後の方がいい場合が多いんですね。拙著（『発達障害のある子の「自尊感情」を育てる授業・支援アイディア』学研教育出版、二〇一三）にもあるんですが、まずは第三者的ストーリーとしてとらえて、自分が先生になったつもりでどう助言するか、教えてあげるのかというところから進めて、そこから自分の似たような経験につなげていけるのであればつなげていく。でもまだ本人がその段階にない場合は、第三者の話題として扱いながら、そういう考え方をしていくことでみんな気持ちが楽になるんだよね、と説明し、本人の体験につなげていくのは最後というやり方がオーソドックスかなと思います。

阿部　そうやって第三者としてでも、その状況に適切な助言ができるということは、すごくいいことだととらえようということですね。

小島　そうです、そこからが大事なんです。

阿部　では、ずっと第三者視点のままでいっちゃって、自分につながっていかないお子さんがいたときには、いつ頃本人のテーマとして深めていけばいいんでしょうか。

小島　このような認知的に見方を変える支援は、小学校高学年くらいが一番効果が出やすいようですね。特に発達障害のお子さんについては、心の理論を獲得しているくらいでないと、なかなか難しいかもしれません。

ケース・バイ・ケースだとは思うんですが、私だったらこちらが題材を提供して、第三者の立場でもいいので本人に四コマ漫画をつくらせるとか。そうやって見つめていく方法もあるかなとは思います。

阿部　それは面白いですね！　考えつかなかった。ソーシャルストーリーではないけれども、四コマ漫画をつくったりするというのは本当にいいですね。

では、その作業をやっていく中で気づく子どもがいますよね。「やばい、阿部先生、これ、俺のことでしょう」と言って、そのあと、気をつけなきゃみたいになる子もいるし、ただガーンと落ち込んじゃう子もいますよね。ここらへんの配慮についてはどうしたらいいんでしょうか。

小島　私がよく言うのは、気持ちが楽になる考え方をしようということで、あくまでも自分がどうやれば楽になるかなということを学ぶ教材、生き方を学ぶ場だよと言ってます。物事はやはりポジティブに見た方が気持ちが楽になるよねという。究極的にはそこだと思うので、それをきちっと伝えていきたいと思っています。

「理想自己」と「現実自己」のギャップをどう埋めていくか

阿部　就労に関係して言いますと、よくあるのが、何時間でどれだけの仕事をやれますかというときに、自分のできる量をはるかに超えた量の仕事をできると言ってしまう人がいるんですね。これは子どもにもあることで、いきなり一〇〇点取るなんて宣言して、一〇〇点じゃなくてもいいんじゃないと言うと、自分がばかにされたと受けとめてしまうんですね。それは無理かもしれないと言うと怒り出したりするんです。すごく難しい部分だと思いますが、例えば思春期のお子さんには要求水準というか、目標の高さとその人の持っている力のすり合わせというのはどうされているんですか。

小島 「理想自己」と「現実自己」のギャップですね。今の話だと自分は〇〇大学に行きたい、あるいはこういう仕事につきたいと思っている、でも、周りの人にはそれは難しそうだと思えるとか。自分で設定した目標の実現が実際には困難だというのは、発達障害の方に関してはよく話題になったりするところです。

ただ、例えば、〇〇大学に行きたいと思ったときに、過去問の本を買ってみたりする。それを買うことによって、自分の自尊感情を維持している。あるいは客観視したり自尊感情を低く見たりすることをあえて避けて、自分はもっとできるんだと思い込むことによって自分の自尊感情、プライドを維持しているという側面もあるのではないでしょうか。

専門的な研究で言えば「ポジティブイリュージョン」(心理学者のシェリー・テイラーらが提唱している概念)、幻想を抱くというようなことがありますが、それは発達障害のお子さんに限らず、定型発達のお子さんでもあったりすることで、私もやはり安易に否定できないと思うんですね。それくらいできるんだと思い込むことで、本人がプライドを保つことができるという機能があるのだとすれば、あなたはこれくらいしかできないんですよと客観視させることが果たしていいことなのか。極端な話、自分はプロ野球選手になりたい、それは到底無理だけれど、でも全否定せずに、そういう夢ももちろんあるけれども、そうなるために今何から始めればいいんだろう、と考えればいい。理想を目指すことは悪いことではないと思います。そして、努力をしなければいけないことには変わりないので、では理想の自分に近づくために今すぐ少しずつでもできそうなことから見つめていこうか、というような支援を行ったりはしますね。一番上や真ん中に理想自己、プロ野球選手だとしたらそれを書いて、そこから枝分かれしていって、そうなるために何ができるか、例えば毎日早起きをするとか、毎日何キロ走るとか、そういうことからやっていく。

阿部　マインドマップ的な感じですね。

小島　そうですね。なりたい自分と現実の自分の間には距離があるかもしれないけれど、なりたい自分に近づくために卒業までにこれくらいできなければいけないとか、現実的にできることに取り組むというアプローチをしていくことはありますね。

阿部　なるほど。私は、単に自己評価や目標を下げさせることを考えてしまったんですが、そういうポジティブイリュージョンで自分を保っている部分があると。

小島　そういう機能もあるだろうと。私の経験ですけれども、特に発達障害のお子さんは、進路決定の中ではそういう機能が大きい場合がありますね。

もちろん本人がこだわっている部分に対してどのような自己評価をしているかも大きいです。例えば、学力とかで、お子さんが自分の理想にどれくらい近づけているのかということが、当然大事な部分になってきますね。

阿部　こだわりを知るということはすごく大切で、学力でも、例えばその子は国語はどうでもいいけれども、算数とか理科にはすごくこだわっているというのであれば、ここに自己評価の鍵があるわけですね。

小島　だから褒めるときも、当然周りの人が本人のこだわりをきちっと把握して、本人がどれくらいのことを望んでいるかを踏まえたうえで褒めていくということが重要かなと思いますね。

阿部　ただ、特にＡＳＤの人などは、褒められることがこだわりを強化してしまうのではという懸念もあるんですが、このあたりはどうでしょうか。

小島　思春期、青年期というのは、ただでさえ周囲との関係がなかなかうまくいかなくて悩んだりとか、あるいは自分は他者と違うということに気づいて心理的に不安定に陥ったりしやすい時期ですから、そうしたこだわりをある程度強くすることで自分の心理的安定を保っているのではないかということを私自身は感じています。だから、そこにどういう意味があるのかとこだわりを一部認めてあげることも、当然大切なことだと思いますし、ましてや周りに迷惑をかけていないのであれば、そのこだわりはある程度許容していくということも必要ではないかと思いますね。

阿部　褒めるということもなかなか難しいなと思っていまして、例えば就労で言うと、清潔感を保てない人というのは、ＩＱが高くてもいるわけですよね。たまたま清潔にしてくれたときに褒めたりしても、本人がそこに関心を払っていないので全然染み込まないことがあるわけです。学齢期で言うと、できたときに褒めてあげても、本人がそこに価値を置いていないと喜ばない。それによって行動も強化されないけれども、我々大人としては、その子のこだわっていない部分、価値を置いていないことでも、何か褒めることによって気づいてほしいみたいな思いもあるんですが、そのあたりは、どう価値づけてあげたりできるんでしょうか。

小島　思春期、青年期になると自分の世界とか、独自のものを持っていたりします。本人のこだわりと、周りの人の一般論とのギャップという部分があるので、褒められても本人としては別にとか、実感を持ちにくいということが生じるケースも多いでしょうね。できてすごいね、がんばったねと褒められても、本人からすると、喜んでいるのは周りであって自分ではないという感じになってしまいます。

ですから、フィードバックしていく際には、やはりそれをすることによってこういうメリットがあって、今後こういうふうにつながっていくよという具合に、話を本人のメリットとうまく結び付けながら、本人のこだわりとか大事にしている部分に関連づけて説明していかないと、ストンと落ちないということになりやすいのかなと思いますね。

阿部　ここがいわゆるASDタイプのお子さんのちょっと独特なところで、周りの人が喜んでくれているから自分もうれしいというふうにはなかなかならないんですね。

小島　例えば、SSTなどでよく、挨拶は社会人としてのマナーだとかいって挨拶のトレーニングをするわけですが、例えば学校生活の間はできたんだけれども、就労したら挨拶をあまりしなくなった方もいました。なぜだか話を聞いてみると、やはり自分がしないと相手が挨拶しないからとか、そういう答えが返ってくる。そうすると周りから生意気だとか思われて人間関係がぎくしゃくするみたいな話になった。ですからただ挨拶は大事ですとか、しなければいけないスキルですと伝えるだけではなくて、挨拶をすると君のことを挨拶のできる素敵な青年だと覚えてくれて、もしかすると好感度が上がって君への評価がよくなって、困ったときに助けてくれるかもしれないよとか、こういうメリットが起こり得るからこういうスキルトレーニングをやっていく必要があるんだよというところまで丁寧に伝えていかないと、難しいのかなと思いますね。

阿部　SSTも、ただ単に教え込むのではなくて、その人にとってこのソーシャルスキルを使うことはどういう意味があるかということを、丁寧に本人と確認していくということが必要なんでしょうね。SSTについては、先生はいろいろな学校、あるいは地域や組織で取り組まれていると思うんですが、ソーシャルスキルと自尊感情という関連でポイントがあれば教えていただけますか。

小島　自己肯定感を大事にしたソーシャルスキルとか、自己理解を軸にしたソーシャルスキルということで、小学校低・中学年くらいまでは、望ましいスキルを丁寧に伝えると、ある程度本人たちも努力していくと思うんですが、思春期、青年期くらいになってくると、先ほど言ったように、何でそうしていくのかということと、本人にとってのメリットを押さえていくことが大事になります。また、君のやり方、考え方は違うよと否定するのではなくて、そういう考え方も確かにあるかもしれないねと認めてあげることも必要でしょう。

当たり前なんですが、「共感」と言うか、そういったところを大切にするということです。あなたのやり方はダメだからこうしなさいというようにバツをマルに変えるのではなくて、そういう考え方もあるかもしれないと小さいマルを積み上げていくような支援の関わり方がポイントかなと思います。君のやり方はダメだよ、というのは自尊感情をある意味否定することなので、そうではなくて、本人の見方、考え方も大切にしながら、一緒に「対策」を考えていこうという姿勢が大切だと思っています。

自分と折り合いをつけるための「あきらめることとの支援」

阿部　すごく月並みな言い方になってしまいますが、小島先生の温かさを感じます。というのは、私たちは支援をしていく中で、特に思春期の子どものこだわりの強さのようなものをついつい否定的にとらえてしまうことがあるんですよね。だから、私たちが共感できていない部分に気がついてすごく視野が広がったし、ＳＳＴについて言うと、そういう小さいマルを積み上げていくという視点はすごく勉強になりました。

小島　実際に現場の先生方は、この行動をどうにかして減らそうとしたりすると思います。確かにそれは大事なことですけれども、私としては本人の内面とか自己に興味があるので、本人から見たときにはどういうことなんだろうという視点で見つめないといけないと思っています。押しつけがましくなってしまうと、うまくいかなくなったり、あるいは我慢が爆発してしまったり、そういうことも出てくるのかなと思ったりしますね。

阿部 理想自己にどうやっても追いつけないときの挫折感については、どうフォローしていけばよいのでしょうか。

小島 思春期、青年期、誰でもそうだと思うんですが、自分のなりたい自分に最終的にたどり着けないということがあると思います。理想自己というのをもっているけれども、シビアな結果を目の当たりにする時期でもあるでしょう。その端的なのが、入試や就職の失敗だったりするわけですね。そうなると、どう自分と折り合いをつけるのか、「あきらめることの支援」が重要になってきます。

○○大学に絶対に入りたい、○○会社に意地でも行きたいということを、あきらめきれないからもう一回チャレンジするとか、あるいは周りが悪いとか問題が悪いとか自分以外の要因に原因を求めていって、自分は全然悪くないという考え方になっていく場合も中にはあったりします。ですから、どこかであきらめることを支えていくという視点が必要になってきます。支えながら自立にどうつなげていくのか。

自分の活かし方を知って、自分はこういうふうな才能があるとか、こういうふうに強いんだと思えたらそれはそれでいい、でも、就労あるいは進路に失敗した、ではどうしようというときに、人生であきらめることがあったとしてもそれはしょうがないんだと、折り合いをつけていけるようなそういった支援が必要なんですね。場合によっては客観的なデータ、例えば○○大学は偏差値が幾つで一八歳人口の何%しか入れないとか、あるいは○○会社はどれくらいの求人倍率でと示して、そしてこれ以外の人はみんなあきらめている。だから、誰しもどこかであきらめなければいけないことが生ずるんだよねということを、親子関係だけでは難しい部分もあるので親御さん以外の第三者、本人がちょっと尊敬していたり、この人の話は真剣に聞こうと思っているような人、そういう人との関わりの中で折り合いをつけていくことが望まれます。自分の中で少し納得をしつつ、あきらめもしつつ、進路を歩んでいくというところが思春期、青年期の一番の大きな課題かなと思います。

子どもたちの自尊感情を育むために保護者や教師ができること

阿部　まとめになりますが、保護者の方や先生方が子どもたちの自尊感情を育む、あるいは応援するために何を心掛ければいいんでしょうか。

小島　そうですね、よく言われるのは、育ちのうえで自尊感情というのは、親からの深い愛情が原点であるということなんですね。ですが、実際の学校現場にはいろいろなお子さんがいて、複雑な家庭環境のお子さんもいらっしゃるわけで、その原点とも言うべきところでうまく関係が築けなかったお子さんもいるでしょう。

ただ、子どもの自尊感情を考えるときには、子育てでも学校現場でも、大人の側の期待、もっと極端に言うと押しつけとかではなくて、本人の立場でどう思っているのかとか、本人にとってどういう意味があるんだろうというところに立ち返って見つめていくことが重要だと思うんです。思春期、青年期になると、自分を全く客観視できていないとか、自分のことが見えていないという子どもへの批判が起こることもありますが、先ほどの、あえて幻想を抱くという例ではないですが、全く客観視できていないかというとそんなことはない部分が多々あると思うんです。わかってはいるんだけれども、それを受け入れて認めてそこから次を考えることができなくて、どうしても自分の理想論というか、そこに固執してしまいがちだということではないでしょうか。

では、その固執してしまいがちな部分を、本人の中で折り合いをつけてあきらめていくためにどうしていくのか。ただ、あきらめなさいとか、無理だからやめなさいというふうな押しつけではなく、本人が納得してあきらめて、また次の希望を見出していけるような支援。やはり本人のために、本人の立場から見つめ直していくということが支援の根本だろうというふうに思います。

あわせて、一進一退いろいろ悩みながらも、自分の適していることや自分らしさにたどり着けるように、つまり「確固たる自分」というものを築くために、肯定的に物事をとらえられる見方、考え方を伝えていく必要があると思いますね。

例えば、今日遊ぼうと約束をしていた友だちに急に遊べないと言われたときに、過度に友だちを責めたり、逆に自分が何か悪いことをしたのかと過度に自分を責めたりするのではなくて、じゃ、その代わりに一体何をしようかなと、ちょっと自分の気持ちが楽になる考え方をしていこうよと。そういう認知的なトレーニング、考え方というのを小学校高学年頃から少しずつ取り入れていくことが大切だと思いますね。

阿部　ありがとうございました。最近、パッケージというか、何を提供するかということばかりやっているじゃないですか。だから、そういう意味で言うと、すごく原点に立ち返らせてもらったという気がします。

file 7

「気になる子」を持つ親や家族への支援

井上雅彦
阿部利彦

発達が気になる子のことを保護者にどう伝えていくか?

阿部　私も巡回相談で幼稚園・保育園を回り、先生方からの相談を受ける機会がたくさんありますが、かなり発達的な視点をお持ちの先生が増えてきている印象はあります。その中で「発達が気になる子のことを保護者にどう伝えていくか」というのは悩みどころです。

井上　以前、大学院生と「幼稚園・保育園の先生は保護者とのコミュニケーションでどんなところに困難性を感じるか」ということについてインタビュー調査しました。すると、多くの先生が、支援者は子どもの発達の遅れに気づいているが、保護者側の気づきが乏しい場合にそれを保護者にどう伝えるかというところに難しさを感じているということが示されました。また、それを園の中で共有しようと同僚に相談した時「あなたの指導の仕方が悪いだけじゃないの」と言われるんじゃないか、とか。つまり、このような未診断ではあるが支援ニーズのある事例については保護者との関係だけでなく、その子自身に対する支援、同僚との連携など他の要素もからんで悩んでしまうというケースが多いように思います。

阿部　障害のあるお子さんだけでなく、保護者と関わることについて学ぶ機会はあるのでしょうか。

井上　そう。例えば「保護者とのコミュニケーション」については、保育士や幼稚園教諭になる前には学ぶ機会は少ないと思います。さらに、園内での連携体制や外部の専門機関と連携を取れるようなネットワークを知っておかないと、内部とも外部とも相談できず、先生たち自身が抱え込んでしまい、トラブルが起こったときに、自分だけを責めてしまうことも多いといいます。

阿部　養成課程の講義、実習の中で発達障害に関して保護者対応や連携も含めて学ぶシステムが必要でしょうね。

井上　私の場合、保育所や幼稚園の先生向けの研修会、養成課程の講義の中でペアレント・メンター（後述）をしている保護者の方にお子さんの幼稚園時代にどんなことがあったか、どんな先生方の支援が助けになったか、などの体験を話してもらっています。

阿部　でも基本的に、現在多くの大学の授業の中で保護者との関わりを学ぶことはないし、連携の仕方について教わってないですよね。

井上　そういう講義は特に職場の先輩たちは受けていないですね。発達障害児の支援や保護者支援、連携について学んだ学生たちが非常勤で採用され、加配担当として配置されたとしても、ベテランの常勤の先生方との関係で、若い加配の先生はなかなか思ったように動けない。子どもに気をつかい、保護者に気をつかい、同僚に気をつかい、ヘトヘトになってしまっている場合も多いように思います。

阿部　若い人が勉強していても、管理職や先輩が知識をもっていないとつらいですね。

井上　「こうしてはどうか？」というような提案を若い先生方からできるような職場環境も必要

だと思います。研修についても、一人の先生だけに研修を受けてもらうのではなくて、園全体に対するアプローチができればと思います。各園から受講者を一人ずつ出してくださいという研修が多いわけですが、そうすると若い方を参加させようとする園が多くなります。ある地域の研修では半分以上が非常勤の若い先生で、次の年はその半分以上がやめてしまっている。もういなくなっているという……。そこで、別のある地域では主任クラス、副園長以上の立場の方を集めた連続の研修会をさせてもらいました。すると受講生は幹部で残っていきますし、園全体でのマネジメントもできるようになる。特別支援教育や親への関わりに関する知識、困った行動に関する見方、事例検討の仕方とか連携に関するノウハウなどを管理職が研修の中で学び、受講した管理職が自ら各職員に教えていく方が効率的で、支援が広がりますよね。私が支援に入ったある園では、管理職も一緒に園全体での研修を連続して行いました。年間で五回くらい行いましたが、その園では、先生方自らが自発的に事例検討会をするようになって園全体で問題解決していこうという風土が根付いていきました。

阿部　専門機関の人たちが個々の先生方に対してと、園全体へと、どうアプローチしていくか、を検討するべきだと思います。

井上　そうですね。阿部先生も巡回相談で感じられると思いますが、こちらの伝えたいことがビッとうまく伝わる園と、そうでない園とあるじゃないですか。何回行っても、毎年同じような説明をしているみたいなところ。

阿部　確かに。一、二人の先生が支援計画を立て、実行しても、次の年に引き継がれていなくて、というケースもありました。

井上　スタッフが流動的でマネジメントが不十分なところはそういうことがよく起きます。特に巡回相談の際には園全体の職員を園長先生がどうマネジメントしているか、というところに対しても評価し、アプローチすることも重要になってくると思います。

阿部　保護者面接の研修をする場合、メニューであるとか、こういうテーマで研修するとよいとか、井上先生のお考えはありますか?

井上　一つは、困っているときに自分で抱え込まないように、何かあったら相談する先、つまり安全弁みたいなものをもつということ。例えば先輩に話す、園長に話す、外部に相談する、また外部にどういう機関があるか、知識として学べることが重要だと思います。

もう一つは、やはり保護者の生の声を聞く機会を作ることではないかと思います。

阿部　生の保護者の方々の体験に触れてもらうというのは、貴重な経験ですね。

井上　研修では講義もしますが、その中で障害受容の説明をしただけではやっぱりわかりませんよね。私の場合何人かのペアレント・メンターを研修にお招きし、知的障害の重いお子さんのメンターさん、ASD、ADHDのお子さんのメンターさんなど、数人で順番に振り返りながらお話ししていただいたりしています。

ペアレント・メンターの取り組みについて

阿部　ペアレント・メンターについてもう少しうかがいたいのですが、やはりお子さんが大きくなって、子育てが一段落された方がなさるのでしょうか？

井上　そうですね。メンターの行う相談の原則として「ご自分のお子さんより大きいお子さんについての相談は受けない」というものがあります。三、四歳くらいのお子さんをおもちの方には、もう少し後でメンターになっていただく形にしています。

就学のことを聞かれることも多いので、お子さんが小学校中学年以上になってからが良いと思います。また地域のメンター活動としては、メンターのお子さんの年齢がある程度ちらばっている方が相談のバリエーションが広がっていいようです。ペアレント・メンターの養成は五年に一回くらい実施しないと、成人のお子さんのメンターばかりになってしまう可能性もあります。

阿部　親の会の構造に似ていますね。ペアレント・メンターに限らず、相談員やカウンセラー自身が親である場合、ご自分の経験が染み出してしまって、客観性というか、うまく距離がとれないことがあります。転移、逆転移という点で心配もあるのですが、研修の中でも難しいところではないでしょうか。

井上　ペアレント・メンターの相談活動の特性については大きく二つあります。一つはペアレント・メンターには専門家がもっていないような「高い共感性」があるということ。打てば響くというか、同じ「大変だよね」という言葉もメンターが使うとその重みも違ってくる。共感のしやすさというか、手軽さも含めてです。専門家にアポをとって、専門機関に行くというのは一部の保護者の方にとってハードルが高く、勇気も必要になります。また「こんなこと聞いていいのかな」、っていう不安もあると思います。メンターは「共感性が高くて、身近にいてくれる支援者」ということだと思います。

阿部　なるほど。

井上　二つ目は生の実体験をもっているということです。阿部先生がおっしゃったように共感性の高さは諸刃の刃でプラスとマイナスの側面があります。自分のつらい思いをした経験、例えば、「保健師さんにこんなことを言われてしまって」とか「診断場面でこんなことがあって」という傷つき体験がある場合に、同じようなテーマについて相談を受けてフラッシュバックが生じたり、怒りがこみあげてきたり。一方で、過去の自分に対して感じている感情と同じように、相手に「何うじうじ泣いているの」と言ってしまったり。

阿部　そうならないために、養成研修の中で気を付けていることはありますか?

井上　まずはペアレント・メンターになろうとしている方に、相談活動の中でそういう感情が湧き起こる可能性があることを知っていただき、養成研修の中ではロールプレイを行います。そしてメンターによる相談は「アドバイス」ではなくて、相談者の話を「聴く」という役を主とすること、特に傾聴することの重要性を学んでもらいます。また、自分の体験は絶対的なものではなくて、時代や環境の違いがある中で、子どもの障害が同じだからといって同じ方法が有効とは限らないことも知ってもらいます。さまざまな情報提供についても、メンターから伝えた方がいいこともあれば、専門家から伝えた方がいい場合もあるので、「こうしなければいけない」とか「これをやらないでどうするの」みたいな押し付けではなくて、聞かれれば無理のないレベルで自分の体験を話すようにしてほしいということを伝えていますね。

私の勤務している大学のある鳥取県では、八年くらい経験を積んできたベテランのペアレント・メンターが二人組で病院での相談を行っています。医師が診断後の情報提供に十分にフィードバック等の時間がとれない場合、ペアレント・メンターによる相談を紹介してもらいます。相談者は支援機関の情報や地元の情報をメンターから提供してもらうという試みです。

私の「ペアレント・メンター相談」に関する理想のイメージは、メンターが二人組で相談を行うこのスタイルなんです。タイプの違うメンターがペアになる。一対一の面接だとメンター一人の経験がすべてですが、例えば、先輩メンターと後輩メンターの組み合わせでなど、ペアにすれば二人の異なった体験が聞けるのでよいと考えています。

阿部　メンターが二人いらっしゃることで、互いに客観視できるところもあるでしょうね。

井上　研修を受け経験を積んでいるベテランメンターなので互いに制御し合えますね。メンターもご自分の経験にないことは話しにくいので、補い合っていけるという。メンターによる相談は我々専門家がやっている一対一のカウンセリングというよりは、ある程度複数のメンターで例えばミニグループで相談活動をする形がいいのかな、と。

阿部 相談する方もカウンセリングという固い感じでなくていいかもしれませんね。

井上 お茶でも飲みながらお話ししましょうよ、という感じの方が相談する人もリラックスできます。またメンターの派遣や、マッチングについてはコーディネーターが相談の内容や相手の状況によって適材適所の紹介や配置をしていきます。例えば女の子の親からの相談であれば、メンターも女の子を育てた経験がある方にお願いするとか、ペアリングがうまくいくようにです。専門機関による就学前の発達相談とはまた違う形で相談活動をしてもらっています。

阿部 やはり親の会と似ているところがありますね。

井上 私がペアレント・メンターを始めようと思ったのはいくつかのきっかけがあるんです。いろいろな地域の親の会と関わる中で、同じ障害の親同士だから理解しやすいのかと思ったら、そうとも言い切れないと感じました。毎日子どもから「死ね」とか「なんで産んだんだ」とか責められて苦しんでいる親に対して、「知的障害がなくてしゃべれるだけあなたのところはましだよ」と言ってしまう親がいたり。もちろん〝励まし〟のつもりで言われたのですが。親同士の相談の中で相談する人とされる人がお互いに傷つけたり、傷つけられたりということもあるという事実を知ったことが一つ。さらに、古くからある親の会組織では年金や手帳や制度のことなど多くの有用な情報を次の世代の親に継承していくような機能があったんですが、最近は、小さなサークルのような気軽な親の会も増えてきた反面、それらの親の会のメンバーは、年齢が近い親同士で構成されていて、そのままのメンバーで年代が上がっていくんですよね。だから、先輩から後輩の親への教育的機能だとか、親の会が組織的に地元の専門家や自治体などにコミットして働きかけたり、といったかつての親の会がもっていたメンター的な機能を、発揮しづらくなっていると感じたことがもう一つのきっかけです。

阿部　気軽で、話しやすい会だけれど、そこから次につながりにくい、と。

井上　そういうバラバラの小さな親の会を例えば地域の発達障害者支援センターがすべて把握しているわけでもない。なので、ペアレント・メンター事業というものをプラットホームにして、それらの親の会の人たちに呼びかけてメンターの研修会を開くことで、親の会とセンターがつながっていく。発達障害者支援センターや行政の情報、例えば、A市ではこんな取り組みがありますよ、といった情報がスムーズに親の会に流れるようにしていく。親が勉強できる場を行政が提供できるような、当事者による当事者支援の仕組みを作っていきたいと思っています。

阿部　サービスについての知識がない場合と、サービスがあってもうまく利用できない場合もありますが、そういう親を支える仕組みにもなりますね。

井上　福祉制度については、ベテランのメンターがそういうサービスの使い勝手なんかも教えてくれます。さらに行政の方が地域で新たな支援サービスを作った場合、使いづらさがどこにあるかわからないので、メンターの方に聞くこともあります。

阿部　ユーザビリティですね。

井上　そうですね。ユーザーの視点ですね。行政も親の会も互いに「WIN・WIN」の関係になるといいですね。もしも、六・五％（文部科学省の調査研究協力者会議のいう、発達障害の疑いのある児童生徒の割合）のお子さんの親が一斉に専門機関に相談に来たとしたら、とても対応しきれないですよね。すべての支援が専門機関によって提供されるのではなく、「当事者による当事者のための支援」の仕組み作りが大切だと思います。また、地域には民政委員や児童指導員がいらっしゃいますけれど、発達障害のある子ども（疑いも含む）のいる家族にどう入っていったらいいかわからないという声もあります。例えばメンターとの三者連携の中で「見守り的な支援」をしていければと思っています。

　メンター養成研修の中では「私は傾聴が苦手だ」という方もおられます。しかし、「話すのは得意だ」ということになれば、例えば鳥取県だったら「あいサポート運動」（誰もが障がいの特性や困難性を理解しちょっとした手助けや配慮を実践しようという啓発運動）やさまざまな啓発活動があるのですが、そこの講師をしてもらう、ということも考えられます。教材を作るのがうまい人は支援ツール作成、グッズ作成の研修会の講師を担当してもらうこともできますね。

阿部　まさに適材適所ですね。

井上　「個別の支援ファイル」の作成に協力する、という活動もあります。支援ファイルを親が一人で作るのは大変なので、一緒に作成をお手伝いするとか。「サポートブックを作る会」を主催してもらったり。カウンセラー的な人だけで構成してしまうと、逆にメンターの活動自体限定されてきてしまうのです。それぞれのメンターに自分自身の得意なところに気づいてもらって、お互い苦手なところは工夫したり補いあいながらやっていきましょう、という感じですね。

阿部　メンター活動にもいろいろなバリエーションがあるんですね。

井上　地域で孤立してしまう家族をなるべく少なくしたいという思いがあるのでバリエーションは大切ですね。

ペアレント・メンターの支援を受けるには

阿部　基本的な質問で申し訳ないのですが、ペアレント・メンターの支援を受けたいという保護者はどのようにすればいいのですか?

井上　自治体によって多少仕組みは違いますが、各地域の発達障害者支援センターに問い合わせていただければ情報をもらえると思います。また地域によっては、独立したメンター組織を持っているところもあります。例えば、鳥取の場合、「ペアレントメンター鳥取」という組織を作っていて、ホームページも持っています。県が発達障害に関する支援事業の一端をそこに委託して、事務局を設置し、そこにコーディネーターがいて、また各圏域にはリーダーメンターがいて、という組織になっています。

阿部 なるほど。先ほどからお話を聞いていて大事だなと思ったのは、ご相談に行かれた方とそれを受けるメンターのマッチングではないかな、と。それをされるのはコーディネーターでしょうね。また病院で受けられるメンター相談はメンターも二人組ということで、それも「なるほど」と思いました。これまたメンター同士のマッチングというのもあると思います。

井上 それらは主にコーディネーターもしくは、リーダーメンターが行います。

阿部 コーディネーターはどういう方がされるのですか？

井上 各自治体によって違うのですが、ベテランのメンターがされる場合もあるし、発達障害者支援センターの職員がメンターコーディネーターを兼ねている場合もあります。

　メンターコーディネーターは、養成研修を修了した各々のメンターと顔見知りで、例えば「Aさんところの妹さんはそろそろ受験じゃないの？　無理しないでね」、というように、メンターの状況も知っているようなタイプの方が適任です。そうでないと特定のメンターさんにどんどん仕事を依頼してしまって、責任感の強いメンターさんがオーバーワークになってしまうというリスクもあるでしょう。コーディネーターはメンターからの相談を受けたり、困難ケースを抱え込まないようにしたり、メンターの仕事量の調整を考えてもらったりします。

阿部 それはかなり難しい仕事ですね。

井上 メンターのコーディネーターの養成もエリアごとにしているのですが、コーディネーター同士の情報交換の場も必要です。

阿部　コーディネーターは鳥取県では何人くらいいらっしゃるのでしょう。

井上　現在二人です。最初ゼロのときは、メンター活動自体停滞していました。やはりコーディネーターが組織化されていないと、地域で細やかな活動ができない。ちなみにコーディネーターについては、鳥取県では有給になっています。非常勤雇用のような形です。

阿部　二人のコーディネーターで、メンターは？

井上　およそ七〇名くらい（二〇一七年時点）のメンター養成研修の修了者がいます。人口一〇万人に対して一人くらいを目標にしているんですけどね。

阿部　お一人のメンターが何人くらいの方の相談にのっているんでしょうか？

井上　鳥取県では年間の相談件数が七〇〇件くらいなので一人あたり一〇件という計算になりますね。しかし実態としてはグループでの活動を含めていますので、実働日数はそんなに多くはありません。また七〇人のメンター登録者のうちで活動しているのは実質三分の二程度で、今はメンターとしては活動していない人もいます。

阿部　スーパーバイズやケースカンファレンスはコーディネーターが担当するのですか？

井上　主にコーディネーターとリーダーメンターが担当します。困難ケースについては専門家ももちろん入ります。基本はメンターが相談を抱え込まないようにすること。メンターによる相談活動はメンターだけで解決するものではなくて、地域資源の支援機関に結びつける役割が大切です。基本的には「つないでいく」ということです。

ペアレント・トレーニングをどう進めるか

阿部　ペアレント・メンターの方々がペアレント・トレーニング（ペアトレ）をするということもありますか？

井上　メンターの持つ、共感性や非指示性とペアトレそのものの教育性の違いからメンターがペアトレのメインの指導者となるケースは少ないと思います。ペアトレの参加者には障害にまだ向き合えていない人もいるし、診断のある人もない人も一緒のプログラムもあります。ペアトレについては、多くの研究でその効果が示されてきているけれど、指導者の養成が一番の課題になっています。例えばお子さんの発達支援ができて、問題行動について一通り対処の仕方を身につけていて、親の心理もわかってて……という指導者はなかなかいない。例えば、保健師だったり心理士だったり立場はいろいろですが、ペアトレの支援者養成講座を終えた人でも、ペアトレを担当するとなると、自信がないという人が多い。「参加者に質問されても答える自信がない」「保護者と向き合うのが不安」とか、特に若い指導者だとさまざまな不安があるようです。そこにサブスタッフとしてメンターがいてもらえると雰囲気も和らぐのではないかと思います。

阿部　なるほど。ペアトレというのは連続六回とか一〇回とかパッケージでやっていると思いますが、途中で中断される方もいますか？

井上　私のところでは途中で来なくなる方はほとんどいらっしゃらないですね。他の実践を聞いても、中断率は低いと思います。一〇人のグループで一人いるかいないかというところでしょうか？　もしグループに合わないという場合でも、専門機関なら、ペアトレから個別相談に切り替えるということもできますので仮にペアトレは合わなくても支援そのものをドロップアウトしてしまう人はほとんどいないと思います。

阿部　大学の研究室が行うペアトレでは、事前にお子さんの情報をたくさん書かせるということがよくあります。研究の一環ということもあるので、そのグループに合わない親子は参加することができない場合があるということも聞きます。研究室の趣旨に合わないから、というのもあって。ペアトレを運営する側としても、効果を見込むためには、セレクトする必要が出てきますよね。井上先生の場合、ペアトレに参加する方についてのグループ構成というか、どうお考えですか？

井上　厳密な効果研究として行う場合と、実際に現場で普及させるためのプロトタイプ開発では、プログラムやシステムの柔軟性を大きく変えなければなりません。厳密な効果研究だったら、診断や障害特性、年齢などをそろえて実施することによって効果を明確に示すことが求められるでしょうし、ファシリテートもマニュアル通りすることが求められますが、実際の現場ではADHDの子どもの親だけ、ASDの子どもの親だけ集めるのは困難ですし、参加者である親の障害理解・受容の程度もさまざまです。虐待リスクの高い人も、鬱傾向の高い人も交じっている可能性があるので、やはり参加者のアセスメントは必要です。私が大学で行うペアトレは、ペアトレ指導者の研修の機会ととらえているので、必要に応じて参加希望者の面接についてはもちろんしますが、子どもさんの年齢以外の参加条件はできるだけ限定しない形にしています。

阿部　保護者の方が集団に苦手感があるとか、すごく参加に迷っていらっしゃる方もいると思うのですが、そういう保護者からオーダーがあったら受けるのでしょうか？

井上　私が大学で実施しているペアトレは、学生スタッフがたくさんいるので、個別にサポートするスタッフもつけられます。参加者である親自身に軽度の知的障害がある方とか、ＡＤＨＤの特性が強い方とかがいらしても、集団の中でさりげなく支援しています。ペアトレは主催する側の支援体制がどれだけ整っているかということによって受け入れは変わってくると思います。メンターが直接主催することをお勧めしないのは、ペアトレの指導者としてのスキルが難しいというだけでなく、十分なバックアップ体制をとることが難しい状況で参加者をセレクトしにくいということがその理由です。

阿部　同じ親として「あなたは参加してはいけない」というのは確かに言いにくいですね。

井上　メンターがサブスタッフとして参加する場合にも、「どのお子さんは診断がある／ない」など、重要な情報は共有してもらいます。メンターの自己紹介についても、自身の子どもの障害や診断についてどこまで言うのか、あるいはあえてここは言わなくていいよ、などメンターさんと事前に打ち合わせしておくことが必要です。参加者のインテークシートを参考に、メンターの立場を工夫することもポイントですね。また、「次回は就学のお話ですので、そのときにメンターさんのご経験を話していただけますか」のように、あらかじめメンターに話してほしいことの準備をしてもらう必要もあります。ただ注意しなければいけないのはすべてのメンターが体験を話せるとは限らないということです。ペアトレの指導者は、メンター自身も親として語りづらい部分もあることを認識し、無理させないよう配慮することが必要です。

阿部　ペアトレも人数制限がありますから、インテークの段階で参加できない方もでてきますよね。実際に同じ親の会に所属していて、あるペアトレに応募したけれど、参加できた方とお断りをされた方がいた。最初の説明で「全員が参加できるわけではない」と聞いていたとはいえ、落ちた方はショックを受けていました。

井上　支援機関の場合、「ペアトレに加われない場合には、このような別の支援プログラムもありますよ」というふうに別の選択肢を用意しておくか、あらかじめ先着順や抽選など選抜があることやその方法を明示しておくと良いと思います。そうでないと仲間の中で孤立感を感じてしまうこともあるし。排他的なペアトレでなく、インクルーシブなペアトレにしないと。

阿部　私の出会ってきたペアトレは、どちらかというとパッケージありき、プログラムありき、のような気がします。そのグループに合わせて、プログラムを作っていく、という形ではなかった。井上先生のなさっているペアトレは後者ですね。保護者のグループに合わせてバリエーションをどんどんつけていくということでしょうか。

井上　子どもの臨床をするときもそうですよね。同じＡＳＤのお子さんでも、それぞれに合わせて変えていくわけだし。たとえエビデンスのあるパッケージ化されたプログラムでも対象にあわせて順番や内容をアレンジするのと同じですよね。ペアトレもそれがただグループでの活動になっただけと考え、バリエーションをもたせるのはいいと思います。今我が国で実施されているペアトレは小学校低学年までのお子さんの保護者対象のものがほとんどですが、ストレスマネジメントが主体のもの、ロールプレイが多いもの、保護者に家庭での課題を課すものなどさまざまなタイプがあります。

阿部　集まる保護者のタイプとの相性もあるでしょうね。

井上　そうですね。シャイな保護者が多いグループで、ロールプレイが多かったら参加者の多くがつらくなってしまうかもしれません。また鬱傾向の保護者が多いグループではグループワークやホームワークは慎重にしなければならないでしょう。配慮を誤ると保護者を傷つけてしまう可能性だってある。特にバリエーションに工夫が必要なのは思春期のお子さんをもつ保護者のペアトレです。数年前から始めているんですけど、不登校傾向のお子さんや親にすごく反抗的になっているお子さんの保護者もいます。例えば「早く風呂に入りなさい」と言うときに、他にどんな言い方があるかを考えましょうという「指示のしかた」に関するワークがあります。子ども扱いせず、大人扱いする言い方にしないといけないわけですが幼児期と比較して個人差も大きく、子どもとの関係性も一人ひとり違うのでバリエーションに工夫が必要です。

阿部　普通に褒めてもその頃のお子さんは喜ばない。

井上　そうですね。また親の方から一方的に指示するだけでなく子どもの言い分も聞いてあげるようにしないと当然反発があります。さらに親自身のメンタルなケアも必要になります。親として年齢が上がって体力的、精神的にしんどくなってきた部分や、将来の不安を抱えながら、でも子どもが成人するまでは親もがんばらないと……という焦りや葛藤もあったり。

阿部　親のメンタルな部分と実際の子どもとの関わり方と両方を考えないといけないですね。

井上　小さい子のペアトレと、思春期のペアトレでは、親のニーズも精神状態もだいぶ違いますし、思春期グループは参加者のニーズの差がとても大きいです。現在基本プログラムをベースにして、枝葉を広げて作っているという感じです。

阿部　そういうバリエーションは、多くのペアトレではないように感じますね。中には発達障害の特性をおもちの保護者の方や、自信を失っている保護者の方もいて、その方たちへの指導みたいな形になっている。例えば、ペアトレの中で宿題が出ても……。

井上　やって来れなかったとか。

阿部　あと応用できなかったとか……SSTの課題と同じで、活用できないということが起こりやすいでしょうね。

井上　もともとASDのペアトレというのはグループというより個別形式で行われることが多いんです。これに対してADHDのペアトレはグループが多いのですが。海外のASDのペアトレ研究を見ると、幼少期の場合はセラピストによる訪問形式の療育が多いので、ペアトレも個別形式が多くなるように思います。ペアトレの考え方として、グループの中で学ぶことで集団的な効果もあるし、他の親と出会って「自分は一人じゃない」ということを感じられる場でもある、ということがあります。特に小さい子を育てる親にとっては、支援サービスを利用していても必ずしも親同士の交流があるわけではなく孤独感を抱えている方も多いように思います。

阿部　それがペアトレを入れることで、親同士のコミュニケーションができるようになるということでしょうか。

井上　必ずしも親同士のコミュニケーションができなければいけないというわけではありませんが、グループでペアトレをやることは「自分だけがなんでこんな苦しみを抱えているんだろう」という気持ちをやわらげることにつながるきっかけにはなると思います。阿部先生がおっしゃったように、子どもの集団と同じでプログラムの多様性や柔軟性が必要になるんですよね。そこで嫌な体験をしてしまわないように。

阿部　ペアトレを大学院生とかが仕切る場合ってありますよね。すると親としては「子育てもしたことがないくせに。こんなこと実際には家庭でできないよ」と思う場合もあります。そしてプログラムありきのようなものもたくさん見てきました。でも井上先生がペアトレはコミュニケーションの場として大事なんだ、とおっしゃっているのを聞いて「なるほど」と思ったんですね。コミュニケーションの場としてのペアトレ。そしてプログラムありきではなく、柔軟で、インクルーシブな場にする。そういうことの重要性を理解せずに行っている支援者もいるような気がしますね。

井上 指導として〝答えを教える〟というものではなく、親同士で工夫を考えあえる場であることも大切ですね。阿部先生のように、例えば学校現場で実際にインクルーシブな環境の重要性について指導されていたり、子どものSSTを行ってきた方はその重要性に気づかれると思うんですよね。ペアトレという支援の場がまず親にとって「良い体験」が得られる場でないといけない。私が学生たちによく言うのは、「最初に入ってきた親にインテークシートをとる時、ストレスが高い人もいるし、障害についての理解がまだ初期の段階の人もいる、診断されたばかりの人もいる。それをインテークシート、アセスメントシートにつけるだけではなくて、それをもとに、参加者の特性やニーズにあわせてプログラムに柔軟性を持たせることが重要である」と。

阿部 プログラムをいろいろな親が参加するグループにどう合わせていくか。

井上 例えば初日に行う自己紹介をどのように進めるかということもその後のプログラムに大きく影響すると思います。また座る位置も親同士のコミュニケーションに大きく影響します。この親とこの親の間にスタッフが入った方がいいとか、またプログラムやホームワークをどうアレンジしていくのか、というような内容を事前のミーティングではしていきます。

阿部 井上先生のゼミ生が幸せなのは、プログラムにのらない親を責めるとか批判するということが間違っていると学べることだと思います。責めないとか批判しないというのはみんな当たり前に理解していると考えますが、実際現場に出ると責めや批判の声をたくさん聞きます。そういう間違いに陥らないように学べるのは幸せだと思いますね。ペアトレのプログラムに合わせられなくて当然で、では参加者にプログラムをどう合わせていくか、を学んでいくことができる。ペアトレとかSSTについて言うと参加者をプログラムに合わせる傾向の方が強いので、そこをしっかり再確認していくことが改めて重要だと思いました。

日本の文化に合ったペアトレとは

阿部　あと、例えばペアトレでタイムアウトについて学ぶプログラムもありますが、どうもタイムアウトは……。

井上　日本の文化に合わない？

阿部　ええ、そう思うんです。井上先生に期待しているのは、日本の文化に合ったペアトレのプログラムです。ペアトレではなくSSTでこんな事例を見る機会がありました、通級指導教室のグループSSTで、そもそも参加したくなくてルールに従わないお子さんにタイムアウトを使うという、基本的なミスなのですが、ミスしたことにも気づかないということもある。

あと、家でタイムアウトを親が行うというのは大変難しい。おじいちゃん、おばあちゃんが「かわいそうだ」と言って関わってしまうこともあるし、兄弟姉妹だって意図的無視が難しいわけですから、家庭の状況をきちんとアセスメントしないと。アメリカの考えを持ち込んでくるときの課題というのがかなりあると思うのですが、そのあたり井上先生はどう思われますか？

井上　注意していかなければいけない点だと思います。私は二〇〇〇年からペアトレを始めましたが、抑制的な手続きを教えることに抵抗があって適応的な行動の教え方を身につけてもらう方向、つまり、親が叱らずに教えられるスキルを身につけていくことをまず優先してやってきました。タイムアウトは正しく適用すれば効果的な方法ですが、誤用も生じやすいのです。例えば米国でABAを行っているご家庭を訪問したときにも、親が「タイムアウト！」と言って子どもに大声で怒っているシーンを見ました。タイムアウトは叱責する必要はないのですが、ペアトレの中でタイムアウトの原理だけ教わって家で正しく適用できるかというと難しいのではと思います。

阿部　ASDの子どもによっては逆効果にもなりませんか？

井上　そうですね。ASDの場合、それに代わる適応行動をしっかり教えないとタイムアウトをしても別の不適応行動が起こるリスクがあります。またその不適応行動に対しておやつをあげてなだめるなど強化してしまうと不適応行動はさらに強められてしまうでしょう。タイムアウトを使用する場合、行動療法の専門家のサポートがしっかり得られる中で、適切に使うというのが大事です。ADHDの子どもの親のためのペアトレとASDの子どものペアトレは技法上の違いもあると思いますが、私は基本的には褒め方、強みを見つける、がんばっていることや努力していることをのばしていけるような関わり方を中心に教えていくようにしています。特に重篤な問題行動への対処はグループによるペアトレではなく、個別のペアトレや相談で行っています。

阿部　褒める、あるいは適応行動を育てる、といったことを学んだ保護者に、さらに個別の場で、問題行動への対応について教えていくということですね。

井上 問題行動についてはまずは環境調整を行うことでそれが生じないようにする。基本的対応はペアトレで教えますが、例えば重篤な問題行動はペアトレのプログラムが修了した後で、個別的に相談をします。問題行動の対応には代わりになるコミュニケーションや余暇など適応的な行動を育てることが必要です。環境調整についてもね。

阿部 改めてすっきり整理された気がします。計画的無視も難しいんですよね。

井上 問題となる行動に対しては強化せずに消去する。適応的な行動については強化することなのですが、テクニックとして難しいだけでなく「無視」は必ずしも消去になるとは限らず無視が強化になってしまうこともあるので行動分析の原理を学んでいないと難しいですよね。

阿部 難しいけれど重要です。だからこそ、褒め方と、適応行動の育て方は学んでほしい。

井上 あと、環境調整の工夫、この三つですよね。計画的無視は効果的だけれど高度なテクニックです。誰でも使いやすい道具と、使いにくいけれど効果的な道具というのがあるけれど、計画的無視は後者です。使いにくい道具を最初に紹介してしまうとうまくいかなかった場合、逆に問題行動を増やすことにつながる。そうすると親が成功体験を得られないですよね。

阿部 自分の子育てでもタイムアウトを使いましたが、子どものタイプによって、うまくはまる子とそうでない子がいるような。うちの子は待てなかったです。マンションだから、そんな待つ場所を確保できないし。

井上　日本の住環境では、タイムアウト用の刺激の少ない適切な場所を確保することが難しいかもしれませんね。下手すれば押し入れに閉じ込めるみたいな……。

阿部　私は昔、よく閉じ込められましたよ(笑)。

井上　そういうのをタイムアウトだと思って誤用している人もいます。「子どもは感情的に反省させなければならない」と思っている人も多かったりするかもしれません。子どもが自分から「あ、しまった。ごめん」みたいにとらえられるようにならないと。タイムアウトが、情緒的にトラウマになってはいけないです。例えばＳＳＴのプログラムでタイムアウトを使用する必要があるというのはよほど特別な場合だと思います。むしろそうした指導プログラムの中で問題行動が生じればそれはプログラム自体に問題がある場合だと思います。

阿部　現場を巡回していると、プログラム自体に課題がある指導場面で、タイムアウトが発動されるのをよく見かけます。

井上　「機能分析」という見方ができないと誤用してしまうでしょうね。例えば、その場から逃れたくて他の子にちょっかいを出す。つまり「逃避」の機能の場合です。この場合、タイムアウトをすると子どもにとっては逆に「やった！」となる。つまり「逃避」や「回避」の機能を持つ行動に対してタイムアウトを適用すると逆に強化してしまうことになるかもしれないのです。行動分析や学習理論が分からないで使うとそうなってしまうリスクがあります。

阿部　タイムアウトがうまくできると、子どもも指導者や保護者も冷静になれるという感じですよね。静かに時が流れる。

井上 そうですよね。シェイピングにしてもスモールステップにしても、現場に持ち込まれたときに何のためにそのテクニックがあるのか理解して使わなければいけません。そしてアセスメントがきちんとできないと高度な道具は使用できないのです。そういう意味でも、行動療法が誤解されてきたと思いますね。特に罰手続きというのは即効性があるので、使う側が強化されてしまうということですね、こうやれば子どもの行動が一気に変容するという。まあその場でだけですけどね。いわば「劇薬」みたいなものです。効果的だからセラピストがまた使いたくなってしまう。その場では変化したけれど、家ではどうか、一年後、三年後はどうかというところまではわからないから、本当にその子の行動が変容したと言えるのか。やむをえず抑制的な技法を使用しなければならない場合というのは、環境調整や適応行動を教える手続きを十分に試みたが効果がないことが示された場合で、専門家のスーパービジョンの下で記録をきちんとモニターしながら適用されるべきです。

阿部 褒めることがうまくできない方が適用すると大きな問題になりますよね。

井上 抑制的な手続き、嫌悪的な手続きを使うとき、それに失敗するとそれは強いマイナスの効果を生み出します。だから保護者の同意だけでなく、時としてお子さんご本人の同意が必要になってくる場合もあるのです。治療プログラムは時として、教える相手をコントロール下におくためのテクニックになってしまう危険性もあるということです。支援者はその行動を変容することで自分も含めて、子どもとの関係の中で、双方がどう変わったか……というふうに考えていかないと。

阿部　通常学級で発達障害のある子だけに特別なツールを使うことで、周りの子がそれをみて過敏に反応し、ときにたきつけるようになってしまうことがあります。

井上　ある子どもの不適切な行動は、先行条件としては、周りの子どもたちのちょっかいだったりすることもありますよね。全体の関係を見ないといけないのに、その子どもの行動だけ見て、「それは不適切な行動だからSSTをすればなんとかなるんじゃないか」と思ってしまう。そして周囲の子どもの「ちょっかい行動」はスルーされてしまうのです。

行動療法を指導に取り入れる場合の注意点

阿部　SSTを学んで、その子が「仲間に入れて」と言えるようになったとしても、仲間に入れてもらえない、ということがよく起きますね。

井上　「拒否的な集団とは遊びたくない、つまらない」という体験しかしたことがない子に「仲間に入れて」というスキルを教えても意味がないですよね。行動療法的なプログラムは、いかに環境全体を見ながら使っていくかが大事で、個の変容ではなくて、集団の全体としての随伴性の変容という視点をもちながら、個の介入に関するテクニックを使うのがポイントです。そうしないと、一人の気になる子を支援しても、次の気になる子が出てきて、もぐら叩きのようになります。

阿部　よくあるケースですね。

井上　例えばクラスの背面黒板に表が貼ってあって、宿題をやってきた子たちは自分の名前のところにシールを貼り、シールがたまったら全員にご褒美がもらえるというシステムを考えてみましょう。集団随伴性というテクニックですが、これを実施していくときも良い面と悪い面があります。例えば集団の真ん中や上のレベルの人は動機づけが高まるんだけど、一方で、なかなか宿題を出せない子たちにとっては、同様に効果的かというと必ずしもそうではないかもしれません。例えば、宿題を必ず出している子や出せるようになってきた子たちが「お前はなんでやってこないんだ！」など出せない子に対してネガティブな行動・攻撃的な行動を取るようになるリスクも考えられます。

阿部　なるほど、確かにそうなりますね。

井上　全体として平均提出率は上がるでしょうが、何人かの子どもに対してネガティブな行動が向けられたときはどうするかを先生側は想定しておかないといけないわけです。

阿部　先生も宿題を出さない人を強く注意するようになると、クラスはますますギスギスした感じになりますね。さらに「先生が責めているんだから、自分たちだって強く注意してもいい」と子どもたちは思ってしまうかもしれません。

井上　「皆で宿題を提出する」という決まりを作ったのに、クラスで差別的な発言が増えてトラブルを増やしてしまった、ということにもなりかねない。だからといって集団随伴性の技法を使わないということではなくて、教師はこのような集団随伴性の特徴を学んだうえで、そして使った後のこと、その効果やリスクを予測して対応することではないかと思います。私のイメージする「かっこいい先生」は、集団随伴性を適用したときに、宿題をなかなか出せない子に対して、周りの子どもたち同士の関係性の変化を予測し、それをまたクラス内の人間関係の別の課題にして、みんなで考えていけるというような。

阿部　「皆さんはこう思うかもしれない、でも、クラスの仲間として、ではどうしたらいいかを一緒に考えてほしい」と投げかけられる先生ですね。

井上　「みんなで何かを達成するために、どうしたらいいかな?」と問いを投げかけたり、あるいは宿題の出し方も含めて先生も一緒に検討したりできると良いですね。どうやったら宿題をみんなで提出できて、お楽しみ活動ができるようになるかなど、集団随伴性という技法のみをただ適用するのではなく、それを材料にしてみんなで考えさせ、先生もその解決に協力する、という形でしょうか。教師としては宿題提出率だけを見るのではだめなんです。本来の行動分析で狙うところは、最終的には、一人ひとりがいかに正の強化で動ける自由な環境を作れるかです。宿題提出率を上げることを推し進めることを目的とした適用だと非常に危ないわけです。

阿部　難しいですが、面白いですね。

行動を機能で見る
——行動分析学の考え方

井上 そういう難しさと面白さが両方あるのが行動分析学です。ターゲット行動が決まっていれば、それを具体的な行動目標にして、さらにその行動の前後に起こっている状況を分析して、先行条件を整備し、適切な行動を生まれやすくして、その適切な行動を強化していくわけです。問題解決のためのテクニックとしては、シンプルかもしれません。しかし臨床的に難しいのは、全体をアセスメントし、何をターゲットとするかという見立ての部分です。相談を受けて、誰のどんな行動をターゲット行動に選んでいくかは、本当に難しいところです。またそのターゲット行動の改善がどのような環境要因によってもたらされているかを分析することが大切です。例えば先ほど例に挙げた集団随伴性の適用による反応率の上昇の裏に何が起こっているか、つまり一つの行動指標の変化の背景にどんなことが起こっているかをアセスメントし実践をしながら記録をとり、検証していくことが大切だと思います。

阿部 そういうところが見られないと教育というのは面白くなくなりますよね。

井上 行動分析による行動の見方として、「行動を機能で見る」ということが最も重要な特徴です。例えば自傷行動をすれば要求が通る、ある物がもらえるというのは、自傷行動は要求というコミュニケーションの機能を持つということができます。普通の見方では最初に「自傷行動はよくない行動」というラベリングがされる。しかしよく考えてみると、この事例にとって「ちょうだい」と言葉で言うのと自傷はトポグラフィー（反応の形式）の違いで、機能から考えると同じ要求行動なわけです。要は行動の形にとらわれないでその機能をみる、さらに別の言葉で言えばその行動の前後で何が起こったかという見方で行動を分析する。これが他の心理学にない特徴だと思います。行動分析では言葉も機能として分析するのです。したがって、先の事例でいうと「よくない行動だからやめさせる」という発想ではなく、「適応的な要求のしかたを教えていこう」という、より子どもの側に立った発想ができるようになるわけです。

阿部　そのあたりを詳しい実践例で教えていただけますか？

井上　以前、知的障害のあるＡＳＤの子どもに質問に対する応答スキル指導をしていたときのことです。ほぼ同じＩＱのＡＳＤの子どもたちが指導場面で応答トレーニングを受け、基準を達成したのち、日常的な場面での般化を測定していました。彼らがプレイルームで自由に遊んでいるときに、私が「今何しているの？」と聞くわけです。すると、あるＡＳＤの子は「トランポリンで遊んでるよ」と答えることができた。また別の子に「楽しい？」って聞くと「楽しいよ！」と答えることができた。でもある子は応えることを拒絶し「オヤスミ！」と言いました。つまり「今は質問するな、せっかく遊んでるんだから」というような反応を返されてしまったわけです。これは、単に「特定の子どもの指導プログラムにおける般化の失敗」と片付けてしまうのではなくて、

「同じコミュニケーション指導の場面でトレーニングを受けたASDの子どもであっても、学習した言語機能は異なるかもしれない」ということを考えていくべきではないかと思ったのです。

もっとわかりやすくいうと、応答の指導場面では〝特定の行為〟に対して適切な応答行動ができると褒められたり、トークンが与えられたりすることで強化されていました。しかし、応答を拒絶した子どもの場合は他の子どもと違って、〝褒められること〟や〝トークン〟が強化子として機能しているというよりは、〝指導が終わる〟ことの方が強化子としての機能を持っていた可能性があるんじゃないかと思ったのです。

指導によって適切な応答が獲得されるということ自体は他の子どもと同じなのですが、どのような強化によってそれが獲得されたか、ということが他の子どもと違っていれば、つまりこの子どもの場合は〝応えることによって指導が終わる〟という「負の強化」の随伴性で獲得してしまったとすると、自由に遊んでよい時間に質問されることはこの子にとってとても嫌悪的ですよね。般化場面での行動を検証しなければ私はこのことを見落としていたかもしれません。

このことは例えば家庭での療育と教室場面の行動の違いとしても生じます。もし親御さんが厳しい学習環境の中で負の強化によって指導した子どもは、抑圧的でない適切な教育環境の中でも指示がなかなか通らないということが起こるかもしれません。それを親は教師がきちっと教えてないからだと思ってしまう、というような場合です。私たちは獲得した行動の形や数だけでなく、その行動の機能を見ないとこのような罠に陥ってしまうのです。

阿部　なるほど。

井上　先ほどの「仲間入りスキル」の話と同様ですが、コミュニケーションを教える時に、それを使う側の、つまり子どもの立場に立って考えるということになるかと思います。その子どもにとって何のためにコミュニケーションを教えるかということを考えてみることが必要なのです。要求コミュニケーションもその子にとって〝したいこと〟がないと意味がありません。応答コミュニケーションも応答の結果として〝相手が喜んでくれること〟がその子にとって強化子となっていないと当然自発しないし、本人にとっては必要が乏しい行動になってしまうのです。

そういった意味で、ＡＳＤの子どもにとってコミュニケーションの前提となる強化子となる行動（余暇）や刺激を増やすということは大事なことだと思います。

阿部　強化子の幅を広げるアプローチというのは難しいですよね。

井上　「強化子を手段から目的へ」という立命館大学の望月昭先生の言葉があります。私は重度の知的障害と身体障害のある子どもに対して、目の前におもちゃを二つ提示してアクセスしてくれた方のおもちゃで遊ぶ、という指導をしたことがありました。一年くらいたったころでしょうか、その子は〝どちらも選ばない〟、〝セッション中に一度遊んだものは二度と選ばない〟という行動ができるようになったのです。その結果、私は指導に使うおもちゃを追加でいくつも購入することになってしまいました。その子どもにとっては〝選択要求〟という非常にシンプルな行動しかないのですが、それが〝私におもちゃ購入行動を自発させ、周囲の環境そのものを変えた〟ということになりはしないでしょうか?
〝聞き手に働きかけることで環境を変える〟というコミュニケーションの本質を教えることが大切だと思うのです。

阿部　支援者が自分も含めて、という行動ベースで見ることって難しいですよね。なかなかそこまでいかない気がしますけれど。

井上　支援者自身、研究者自身が自分の行動の強化随伴性について分析するということが行動分析家としては必要だと思うのです。私は幸い、学生のときにそういう問いかけをしてくれる厳しい先生や先輩が何人かいて、「なぜその研究をするの?」「それが誰に対して、社会に対して、自分に対してどういう意味をもつの?」って。

阿部　なかなかの体育会系というか、スパルタ集団だったんですね。

井上　そうかもしれませんね。しかしその質問によって考えさせられたことは私にとって「正の強化子」だったと思います。

障害のある子ども自身にとって有用な教育の目的というのは、単に「言葉が喋れるようになること」や「定型発達に近づける」ことだけではないと思います。その子ども自身にとっての「正の強化」となる行動をアセスメントし、その幅を増やしたり、それを得るための機会が拡大していくためにコミュニケーションの行動として何を教えていくかということを考え直してみることは大切だと思います。

親や教師にとっても同じことが言えると思うのです。親や教師が満足するための教育ではなく、子ども自身が強化される環境設定や教育目標を、そして親も教師も大人や周囲の人もその子どもの行動変化によって自らが強化される、そのような教育システム・支援システムが必要ですね。

阿部　今気づいたのですが、支援がうまくいった親や先生というのは子どもの変化だけでなく、自分の行動のプラスの変化を言葉にしてくれますよね。それと支援を楽しんでくれるようになってくる。そして笑顔で、「次、こんなことをやってみようと思うんですよ」って。楽しむことができれば続けられますね。

file 8

通級指導教室で行う支援

――アセスメントから教材づくりまで

坂本條樹
阿部利彦

通級に来る子どものモチベーションをどうする？

阿部　私は通級指導教室の先生方から研修依頼が多くありますが、新しく通級を担当する先生も増えていますね。プログラム作りで困っている先生も多いようです。もちろんプログラムを作るためには、子どものつまずきや支援ニーズを的確に把握することが必要になります。また通ってくるお子さんのモチベーションの問題もあると思います。

坂本　そうですね、通級に通うようになるまでにはいくつかのタイプがあります。それらをニーズで分けるとすると、一つ目は「親御さんが強くニーズを感じているタイプ」。親御さんがお子さんの育ちを心配されて、子どもはよく分からないけれど、親に手をひかれて相談に来る。幼少時から医療機関や療育に通ったり、相談機関につながったりしているタイプですね。子どももそういう場所に通っているうちに、自分の課題に気づいてくる。

阿部　二つ目は、学校のニーズが高いタイプですかね。

坂本　そうです。学校での行動が大変で、授業や生活に支障が出ている。学校では指導法をいろいろ工夫したり支援員さんを入れたりしているけど、なかなかうまくいかないし、成果が見えにくい。そこで、どこかで継続的に支援できないか、という考えがあるケースです。

そして、三つ目は、最近増えているのですが、子ども本人にニーズがあるタイプ。「ぼくはどうしても怒りっぽいからそこを治したいと思う」ですとか、ＬＤのある子で「なんとか漢字がきれいに書けるようになりたい」とか。

阿部　三つ目のタイプ、お子さんの年齢は何歳ぐらいですか？

坂本　やはり小学校高学年くらいからですね。一つ目の親御さんのニーズ、という場合は低学年。学校から紹介されるケースは四年生あたりが多いです。低学年の間はなんとかなっていても、ある時期から先生が子どもさんをうまく制御できなくなってしまって、先生が困るということですね。子どもをどう指導しようか、どう支援しようか、周りとの関わりをどうしようか、っていうことで悩むわけですね。私たち通級担当がありがたいのは「子どもが行きたい」って言ってくれる場合ですね。反対に難しいのは、学校は困っているけど保護者にはニーズがない、しかも子どもも困っていない、というケース。この場合、校内の教育相談機能が十分ではない、ということがあると思います。

阿部　親御さんはまだ納得していないわけですね。学校からすすめられているから仕方なく通級を訪ねてきている。

坂本　そうそう。中には、学校で行動破綻が見られても家庭では見られない、というケースがありますね。この場合、学級経営の問題がありそうです。学級の中で子どもたちが力を発揮できる場が作られていないというかね。

阿部　子どもたちが活躍する機会が設定されていないわけですね。親御さんが教室を見に来ても「ほかの子だって落ち着かないじゃないですか」と言われちゃうケースですね。

坂本　親御さんが見に来ると落ち着くお子さんもいますね。

阿部　自主的に支援サービスを選択できる子はすごいですね。

坂本　高学年になると他者と比較できるようになるじゃないですか。同時に、周りの子とも比較し、あるいは批判する力が育つ。習字の作品とかで、友だちと比べて「ああこれは下手だな」って思う機会が増える。高学年になるとノートなどで「書く量」が増える。こういうことで「ついていけてない」って子どもが意識するようになる。仲良くしたいんだけどどうまくいかない、っていう思いもはっきりしてくる。ついやってしまう、きつい言葉を言ってしまう。

阿部　やっちゃってから「ああ、悪かったな」って反省するわけですね。

坂本　ＡＤＨＤの子にみられる「後から反省型」ですね。自主来室のお子さんはそういうＡＤＨＤタイプか、あるいはＬＤタイプか。ＡＳＤタイプの子は少ないですね。

阿部　自主的な子ではない場合、保護者の方が悩むのは「どう説明したらいいか」ということですよね。坂本先生だったらどのようにしますか？

坂本　本人は「どうして授業を抜けてまでよその学校に行く必要があるんだろうか？」と思っていたり、十分に分かっていなかったりする場合ですね。通級のサービスを受けるかどうか夫婦で相談して、片方の親――たいていお母さんのほう――が事情をよく分かっていて、でもその一存だけで通級に通わせるわけにはいかないと思うから、父親はどう理解するか、というのがあると思います。子どもの行動上の課題が、その子の特性によるもので、その特性を理解しながら、集中的に、一緒に、行動上の課題に取り組んでくれる通級を選択しよう、という夫婦の合意がなされていくと思うんです。そこまでは慎重に学校の教育相談で扱う場合が多いのですけれど、あと通級の教育相談で対応する場合がありますね。

阿部　通級の教育相談ですか?

坂本　私たちの通級指導教室「フロー」では、就学相談の前に通級指導教室が教育相談を担当しています。就学相談だと「通級を利用するのが適切か否か」を決めるのが目的ですけれど、その一つ手前にその子の行動上の課題について、保護者の方と一緒に考える相談をするわけです。お子さんのことで何かお困りのことがあったら、私たちに直接電話していいことになっています。

阿部　所沢市内の保護者であれば、在籍校を通さなくても相談できるということですね。だから相談の電話窓口をフローが開設しているという。曜日を決めて、たしか一日一般の相談を受ける、あるいは巡回相談に出ていけるようにしてあるんですよね。

坂本　はい。とはいえ、一般相談として何でも受けるだけの人員がいるわけではありませんから、通級に通うことを少しでも考えている保護者に限っています。それ以外は市の教育センターがあるわけですから。あくまで教室説明や、通級でできるサービスの説明がメインです。その教室説明やサービスについて検討するプロセスを通じて相談に来ていないご家族、特にお父さんにも理解してもらうということですよね。時にはご夫婦そろってきていただいて教室の説明をすることもあります。ご夫婦の意見が固まるといよいよ就学相談に移るわけですが、そこで特に高学年のお子さんの場合、私たちは「通級のことについてお子さんと話し合ったことがありますか?」と確認することになります。

阿部　子どもさんは授業を抜けてよその学校に行くわけですから、「○○君どこに行くの?」とか「どこに行っていたの?」って必ず他の子に聞かれるわけですよね。

坂本　だからお子さんとそういうことについて話し合っておく必要がありますよね。でも中には「子どもは了承しています」って構えてしまう保護者の方もいます。そういうときは「お子さんはどうおっしゃっていましたか」って必ず聞くことにしています。「お子さんはどう発言していましたか」って具体的に、突っ込んで聞いているわけです。

阿部　きちんと「子ども本人の言葉」を確認することで、ほんとうに話し合いが深まっているかをうかがい知ることができますね。ところで、どうもお子さん本人が迷っている様子だったらどうされますか?

坂本　中学年以上だと、ほとんどの子が自分の苦手さというものに気づいています。明確に分からなくっても、「なんか苦手だな」「やりにくいな」「いやになっちゃうな」って思っています。お母さんにはその中の代表的な一つを取り出していただいて、「あなたは絵を書いているとき下書きはとても丁寧でしっかり書けている。でも色を塗るときはみだしたり、まじってしまって思った色が出せなかったり、いやになっちゃうことってあるでしょ。それで気に入らなくって、途中でやめちゃう時もあるでしょ」とか「テストでうまくいかないとき、テスト用紙をくちゃくちゃにして、放り投げたりするときあるよね。で、そういう失敗に負けないようになってほしいんだ、お母さんは、って。例えば失敗に負けない気持ちを身につけるっていうのは、学校ではやらないでしょ。国語とか算数とか。で、そこだけを練習しに、身につけに行ってほしい、とお母さんは思っているんだ。そういうのをあなたのためにだけ一緒に練習してくれるところがあるんだけれど……」って説明してもらっています。そして、最初に通級に来たお子さんには楽しんで帰ってもらえるように工夫しています。例えば「迷探偵コンナン」（図8-1）みたいなね。最初はいやいや、もしくは半信半疑で通級に来るんだけれど、最初の回のプログラムは「超楽しいもの」にする。

初回の出会いのプログラム「迷探偵コンナン」

子ども迷探偵は施設内地図を手がかりに５枚の情報が書かれたカードのありかを探し出す。探し出した後，役割交代をして今度は子どもが自分の自己紹介カードを作り隠して，担当者が探す。

［活動の目的］
- 環境への適応……新奇場面への不安軽減および探索欲求の充足，トイレ利用への抵抗軽減
- 担当者との関係作りと通級への動機づけ……活動を通して担当者への理解を図り，見知らぬ初対面の大人に対する不安を軽減させる。
- 子どもの行動観察……カードを探したり隠したりする際は地図と場所の対応を，途中のカード記入では書字の様子，カードの切り離しでははさみの使い方などを観察。

図 8-1　迷探偵コンナン

阿部　なるほどね。わかります。

子どもの反発や緊張を解くコツ

坂本　ちょっと前のケースですけれど、とにかく一回だけ通級に行けば、帰りにマクドナルドに行って何でも食べていいから、って言われてやってきた子がいましてね。「今日だけ行ってやるけど、マック食って、二度と行かねえからな」って宣言してやってきた。でも通級一回目がおわって私が「来週も来てくれるかな?!」って言ったら、元気よく「いいとも!」って言ったんですね(笑)。そういう出会いを百何十回以上重ねていますが、失敗したケースは一度もありません。

阿部　きっとみんな「来てよかった」「また来たい」って思うんでしょうね。最初の出会いを楽しくする、そのコツは何ですか?

坂本　それはなんといっても緊張を解く、ということでしょうね。実はどの子も非常に緊張してくるわけですよ。そういう意味では、本校の子どもたちが廊下や校庭にいない時間、つまり授業が始まってから、他児に会わなくて済むように時間設定しています。通級の児童同士もバッティングさせないようにしています。最初の子が来るときはフローにも他の子はいない、その子だけの時間を用意します。そこまで配慮しなくてもいいケースもありますけどね。一人がいいかとか、他の子にとにかく目撃されない方がいいかは保護者と担任の先生とで作戦を練ってもらうことがあります。そして初めて自分のクラスを抜けていくわけですから、クラスメイトが「○○君どこいくの?」とかなるわけですね。だから、その子が在籍するクラスの担任の先生はどう説明するかも考えてもらっておくわけです。

阿部 通級決定から、最初にお子さんが来室するまでの間に、ご家庭と学校の先生方と通級の先生とで作戦を練っておくということですね。

坂本 そこにご本人も入って、ご本人の希望を聞くこともちろんあります。クラスメイトへの説明ですが、その子がはじめて通級に行っていてクラスにいない、そこが実はチャンスなんです。周囲もちょっと困っているタイプだと「○○君はちょっと走りすぎちゃうところあるよね。気持ちのブレーキがききにくいよね。○○君はそこを自分でもなおしたいと思っているんだ。そういうのを練習する場所があって、これから○○君は毎週木曜の五時間目はそこに行くことになるから。○○君は自分と向き合おうとしているから、皆も応援よろしくね」って。そうすると周りは困っているから、理解しますよね。一方わかりにくい、本人だけが困っている子の場合、その子が周りに「明かしてもいい苦手さ」を確認して、そこを言うようにしています。

阿部 なるほど、明かしてほしくない「苦手さ」というのもあるわけですよね。

坂本 そこは慎重にしないといけないですね。後はクラスメイトから「お前どこ行くんだよ」とか「どこ行っていたの?」って言われるのは嫌な子が多いから、そういうことを言わせないように指導が必要です。通級の課題設定というのは「少しがんばれば、いっぱいできるようになる」

というふうに設定されています。スモールステップ。だから楽しいんですよね。そのうち「フローってとこ、すげえ楽しいところに行ってんだよ」ってなって、他の子が「いいなあ」ってなるわけです。「いいだろ、でも市役所に申し込まなきゃいけないんだぜ」ってちょっと箔がつくんです。その箔をつけるために、いつか顔写真入りのプラスティックのＩＤカード作ろうと思っているんです。ＶＩＰ限定みたいに。

阿部　いいなあ、かっこいいですね。面白い。会員限定のＶＩＰサービスが受けられると。通級に通うことが自慢になるような、そういう教室にしようって、まだ所沢市に通級指導教室がなかった頃、設置に向けて夢を話し合ってましたものね。実際、支援のプランを立てていくぞ、ということだとテストバッテリーというか、アセスメントに基づくことになりますが、そのあたりはいかがですか？

坂本　アセスメントなどは新しいバージョンのものを使うことですね。あとは、主訴に基づいたもの、読み書きの苦手さがあれば読み書きのスクリーニングを実施します。それから漢字の形がとらえられない、というときには視覚認知系の検査を実施します。複雑図形とか、その系統です。

阿部　坂本先生の取り組みを聞いていると、結構検査に時間をかける。検査をいくつか組み合わせている。子どもにも負担になるんじゃないでしょうか？

坂本　そうですね。確かにお子さんには負担をかけているかもしれません。親御さんのうわさで「通級に行くとあれこれ測られるみたいよ」ってのは多少ありました。ＷＩＳＣも数値、結果だけでなくて、各検査にお子さんがどう反応したか、というのは大変重要ですよね。同じ得点でも、積み木の問題でいうとうまくできているのに最後に壊しちゃって得点が低くなる場合と、タイムアップの子とでは違うわけですよね。そういうところまできちんと把握してくれるようなテスターだったらいいのですが。

阿部 同じ得点でも、何度もあっているか確認するお子さんもいれば、確認せず「はい終わり」って見直さない子もいる。その子の課題への取り組み方も重要なアセスメントですよね。

ＬＤの子だと読み書き、視覚認知系、いろいろな検査がありますけれど、集中力の問題や対人関係の問題はどう調べるのですか?

坂本 ＡＤＨＤだと持続性注意の課題についてアセスメントしていますね。市販されているものもありますが、フローで作成したのもありまして。本物のネコ妖怪と偽物のネコ妖怪を見分けるというもので、ニセネコ妖怪のときだけ×のボタンを押す(もぐらたたき検査)。弁別刺激はあるけれど、一緒に出てくると「どっちだろう?」って一瞬迷うという。

阿部 弁別刺激を提示して、どちらかを選ばせるというものですね。キャラクターというのは子どもも興味をもちますね。

坂本 そうそう。それを一〇分間続けるんですけど、後半は刺激を提示する時間がどんどん短くなっていく。後半にも注意を維持できているか、というところも確認できます。いいキャラクターを間違って叩くというやってはならないミス、つまり「おてつき」ですよね。この「おてつき」

は衝動性の指標になるし、叩かなければならないものを叩かない、というのは「見逃し」。「見逃し」は不注意の指標になります。「おてつき」エラーと「見逃し」エラーのパーセントと、時間のズレとをチェックして指導にいかしています。

阿部　ＡＳＤタイプの場合は、ソーシャルスキルトレーニング（ＳＳＴ）を取り入れている通級も多いと思いますが、坂本先生がＳＳＴで気をつけていることはありますか？

坂本　ＳＳＴを行うには、その子どもがある程度状況理解ができなければならない。その状況を理解する力、あるいはさまざまな条件（体調、前後の文脈、相手との関係など）によって人の思いは違うので、それらの影響を受ける。そのようなことが理解できているかどうか、注意することだと思います。

阿部　いわゆる「心の理論」ですね。

坂本　東京学芸大学の藤野博先生著の「アニメーション版　心の理論課題」（ＤＩＫ教育出版）などを使いながら、その子がどこまで心の理論課題を通過できているんだろう、どの程度まで理解できているんだろうというのを確認しています。心の理論は、言語理解、読解力、つまり物語を理解する力を要する。そうではなくて読解力を必要としない心の理論について藤野先生と研究しているところです。この場合、お子さんに言葉で答えてもらわなくていいんです。一連の紙芝居を見ていてもらうだけです。

阿部　えっ、見るだけですか？

坂本　アイトラッカーなどで視線を分析するんです。多くの人は次の行動を予測した視線の動きをするんだけれど、ＡＳＤの子は視線が別のものに行ってしまう。潜在的「心の理論」課題というのは物語を言葉で明示せず、どこを見ていたか視線で判断します。これは賛否両論あるんですけれど。視線の動きについては、やはりＡＳＤタイプのお子さんは独特のものがありますね。相手の意図を理解しない視線の動きをしてしまう。明確にクラスター分けというか、できるんですね。紙芝居的に提示した、物語性を言葉で表した、サリー・アン課題やスマーティー課題は通過するけれど、他者の信念理解が通過しているとは言えない不合理な視線の動きをしている。

阿部　不合理な動きというのは？

坂本　視線の動きからすると、その子の、自分だけの理解にもとづいた視線になっている。ただこういった分析はどこの通級でもできるわけではないですね。

アセスメントの結果を子どもにどう伝えるか

阿部　いろいろなアセスメントを行うとき、子どもに協力してもらうわけですけれど、そのがんばりに対して応えるというか、本人にアセスメントの結果について伝える必要があると私は思っているのですが、例えばＷＩＳＣの結果も含めてどのように伝えていきますか？

坂本　例えば、衝動性の強いタイプ、もぐらたたき検査で「おてつき」エラーが多いタイプだったら、「ちょっと君はあわてんぼうなところがあるよね」と。「あわてんぼうで損することがあるから、あわてんぼうを減らせたらいいと思わない？」って。

阿部　あわてんぼうが減らせたら、「もっとうまくいく」という予測。肯定的な予測ですね。

坂本　そうそう。今日一緒にやるお勉強はあわてんぼうを減らすための、とかあわてんぼうでなくなるためのもの、といった説明をしますね。そういう練習をするものです、とか。

阿部　「十を探せ」とか数字抹消課題（図8-2）とかでしょうか？

坂本　「十を探せ」もありますが、提示された数字の中で数の小さいものから順にチェックしていく課題があります。

阿部　ひらがなと混ぜたバージョンもありま

1	12	4	20
25	9	28	17
3	6	12	14
26	24	8	30

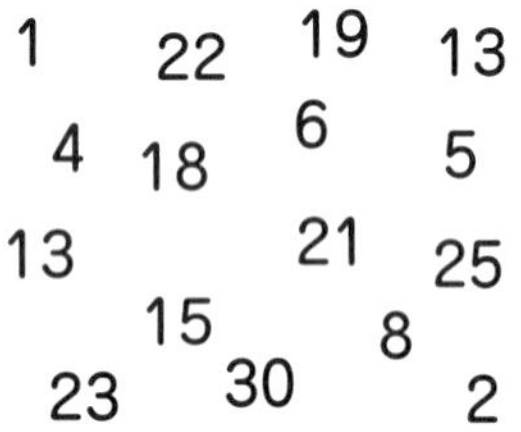

マスの中や用紙にランダムに配置された数字を小さい順に鉛筆でマル印をつけていく。

図 8-2　数字抹消課題
（坂本，2012 より改変；阿部利彦編著『クラスで気になる子の支援　ズバッと解決ファイル　NEXT LEVEL』金子書房，2012）

すね。

坂本　見てもらえば分かりますが、紙に書かれている数字の全体を見て、見通しをもってから始めるやり方が大事です。ミスをなるべく減らして、時間を短縮させていこう、という課題。目標が達成されるとご褒美コインがもらえる、という形です。

阿部　ご褒美コインがたまると、通級の最後に好みの活動ができる「お好きにタイム」、この時間を前だおしして増やすことができるんですよね。

坂本　慣れてきたお子さんには、ちょっとミスを誘うようなしかけを入れることがあります。例えば「1、8、9、11」とチェックしていくわけですが、「1、8、9、9、11」と9が二つある、なんて課題も用意しています。

阿部　それって事前に説明しないんですか？　大人でも難しそうですね。

坂本　ちゃんと事前に説明します。数字の中には同じものが二つ書かれている場合もありますって。三つある場合もあるかも知れないよ、注意してね、とか。ＡＤＨＤタイプの場合、情報を効率よく検索するっていうのも苦手だから、前もって同じ数が二つあるよ、と言っておいても8の次に、もう一つの8を探すのではなく、9にぱっとチェックを入れてしまう、ということがよくあります。ＡＳＤタイプの場合、衝動性だけでなく、目標が自分志向で、高すぎる目標を立てて、「失敗した」となる。そういうお子さんには「あわてんぼうを減らそう」ということではなく、「失敗に負けない」という課題設定にしています。

阿部　「失敗に負けない」という課題の場合、失敗しないのではなく、失敗した後の行動を調整できるようにしていくと。

坂本　失敗した後のふるまいを練習するという。例えば、失敗した後「フー」って息をはいてみる。呼吸を整えて脱力する方法。あるいは失敗した後、気持ちを切り替える。

阿部　レジリエンスと関連してきますね。

坂本　そうですね。「まあ、いいか」「次がんばればいい」と。そういう子には「二回挑戦できますよ」としておきます。で、どっちかいい方の成績をとればいいから、って言っています。最初失敗しても、次回がんばればいいや、ってこれがレジリエンス、つまり立ち直りだと思うんですよ。

阿部　なるほど、課題に取り組む時間にはいろいろなバージョンがあるんですね。

坂本　ソーシャルナラティブではないけれど、「誰でも計算ミスをしたくないし、テストで失敗したくないという気持ちはあるよね。もちろん誰でもいつもテストの点が希望通りではないし、計算ミスをすることがあります。失敗するのが悪いんじゃない。でも、その後にとる行動が君の生活を苦しめている。損するのは、解答用紙を破いたり、必要以上に落ち込んだり、必要以上に怒ったりすること。そういう行動はお得ではないと思いませんか?」

阿部　失敗するのは悪いことではない。失敗した後でまた挑戦することはいいことにつながっていくかもしれない。

坂本　「君が失敗に負けない気持ちをもつことを、お父さんもお母さんも、担任のA先生も、そして私(坂本)も願っています。だから、こういう課題を続けるんだよね」と。通級での失敗は多くの人に見られているわけではないから。クラスで集団の中の立ち位置を悪くするような失敗ではない。教室での失敗はもしかしたら、そのクラスでの他の子との関係に影響してしまうかも知れない。通級の方が失敗のダメージは強くない。ちょっとした失敗にたくさん遭遇すると多少は「慣れ」というものも出てくるんじゃないかな、と思うんですよね。大事なのは「対処の引き出し」を増やすこと。

阿部　「対処の引き出し」ってイメージはなんとなく分かるんですが、具体的にはどういうことですか?

坂本　もちろん課題にトライする前に「怒りそうになったら、ちょっと息を吐いてみて」と、まずは呼吸法であるとか、緊張によって高まる生理的な反応をどう拮抗していくか、というものが一つ。もう一つは切り替え方ですね。失敗したときに「ズコーッ」と、ちょっと大げさにこけてみたり「ありゃありゃ」と大げさに言ってみたり。

阿部　お笑い的な?

坂本　そうそう、コミカルにしてみる。「ガビーン」とか、そういう約束にしておいて、次がんばる。失敗して用紙を破いたり、ぐしゃぐしゃにしたり、鉛筆で黒く塗りつぶしたり、という今までの行動以外の行動をとれるようにしていく。結構使ってくれるようになりますよ。教室でも変わってきますよね。怒らなくなったとか、切り替えが早くなったとか。

阿部　「自分は立ち直れるんだ」という経験にもなりますね。

坂本　そういう経験はフローでいっぱいできる。もしフローでうまくできたら「さっき、イラッとしたけどがまんできてたよね。あれどうやったの?」って聞くようにしています。子どもが「フーって息を吐いたんだ」って言ったら、「やっぱりうまくいったね!」って言う。「どうしてか分からない」って子もいるから、その場合は「じゃあ、きっと成長したんだね」って。立ち直りの手柄は子どものものにしてあげる。

阿部　いやあ、なんだかカウンセラーみたいですね。

フローでの年間計画

阿部　ところで、フローの場合、一年間の計画っていうのはどのようになっているんでしょうか?

坂本　はい。三段階に分けて計画しています。初期、中期、後期に分けています。そこにプラスしてフォローアップ、通常学級だけでチャレンジする期間があります。初期の段階の目標は、子どもにとってはフローに来ることに慣れる、自分の苦手さに少しずつ気づくということになります。同時に、私たち教師にとっては、活動の中でアセスメントを固めていくのが初期の目標です。中期は子どもによってオーダーメードになりますね。

阿部　初期には在籍クラスに巡回で行動観察に行かれるんですよね。

坂本　そうそう。クラスの雰囲気なんかも分かる。ちなみに机の隙間でもその子の状況がわかりますよね。

阿部　机の隙間？

坂本　特に高学年。受け入れられていない子は隣の子が机を離している。あと、先生がその子の行動の意味を誤解していることが分かる場合があります。それはきちんとご理解いただけるようにしていきます。

阿部　中期もいくつかのステップに分かれるわけですね。で、だいたい計画通り、スモールステップで積みあがっていくものでしょうか？

坂本　いやいや、やっぱり思うようにいかないことがありますよ。私たちは子どもたちの変化を観察に頼っているところがあるでしょう。「なんとなく落ち着いてきたね」とか。観察になるべく頼らないように、例えば注意集中の指標を

表8-2　認知課題プログラムの例

課題	介入ターゲット	課題の概要
同じの探し	選択的注意	ハングル・アラビア・タミール文字の一覧から標的の文字や文字組みを探す
数字消し	反応抑制	バラバラに並んだ数字を小さい順に抹消する（数字重複あり／なし）
仲間分け	聴覚性ワーキングメモリー	植物と動物の名前を聞いて分類して言い直す（種類別・50音順・個体の大きさ順）
どこにある？	視覚性ワーキングメモリー	棚の画像に入れられた日用品の場所を記憶し空の棚に再構成する（答えるまでの間に瞬時提示される動物名を答える）
隣と足すと	持続的注意	乱数表による連続計算
おじゃま数字消し	注意分割	数字消し課題をヘッドフォンからランダムに音声提示される数唱を聞きながら行う。数唱中にも記憶ターゲットがある

（坂本條樹「認知トレーニング法ー発達障害のある児童に対する認知トレーニング」『臨床心理学Vol.13　No.2』金剛出版，2013）

きちんと入れるようにしています。もぐらたたき検査もアセスメントの初期として実施しますよね。その後、六カ月後にもう一度チェックする。数字探しも六カ月後に行います。初期の達成率と比較するわけです。例えば「合わせて10になる組み合わせを探せ」という課題だけではなく「合わせて11になる組み合わせを探せ」といった課題でも上昇しているか、を見ます。

あと、これって大事だと思うのですけれど、子どもが自分でプログラムを組み立てられるようにしていけるといいですね。自分でどういうところをのばしたいか、それに合わせて課題をセレクトできるようにしています。運動の課題にしても課題1、2、3の中で自分がチャレンジしたいものが選べる。

阿部 ただ、自分の好みというか得意なものばかり選んでしまうということはないんですか?

坂本 課題から大きくそれてしまうものはもともと用意していないので、トレーニングの目的から大きく外れることはありません。課題が定食であれば、お味噌汁の中から選ぶ、おかずの中から一品選ぶ、というように課題がカテゴリーで分かれていて、その中でチョイスしていく形式です。どれを選んでもらっても、その子の栄養としては必要なメニューになっている。

阿部 なるほど。何でも「すべてどうぞ」っていう形ではないんですね。最終的にお子さんが自分で選んでいくという。自分のために何かを自主的に選択するという、自分のために活動を選ぶというのは大事なことですよね。

坂本 お子さんにも責任をもってもらうということですかね。集中して通級していただくのはフローの場合一年間、その後は半年間の見守り期間、チャレンジ期間があります。もちろんいつでも調子が悪くなったらフローに戻って来られる。保護者との相談は継続していくし、何か心配なことがあれば、電話で予約して、相談に来ていただくことが可能です。退級が決まることで、保護者の方が見捨てられた気持ちになる、という場合もあるので、そういう思いをさせないようにバックアップ体制はしっかりしていきたいと思っています。子どもがそこそこうまくいっている、ということは保護者も認められる、でも子どものことでどこかに相談したい、という気持ちは多くの保護者がもっています。

阿部 フローでの保護者のバックアップは大事ですね。またゼロから説明して、相談する、というのは保護者の方にとって負担になりますからね。

坂本 新しい相談の場を見つけるというのは相当の労力だから、一年間一緒に子どものことを考えてきた通級教員がいつでも相談にのりますよ、という保証をしておくと、もし通級からチャレンジ期間に移っても、退級に向けて安心して進めるということです。

阿部 通級から離れて自分でやっていく、ということになったときに大事にすることってなんでしょう。

坂本 学校公開日や運動会の日、学習発表会の日に、子どもにとってはハレの日に見に行って、「いいね」のサインを送ってくるだけ。「見に来たよ」そして「いいね」「がんばっているね」って、それだけ。

阿部　自分の取り扱いマニュアルみたいなのを一年の締めくくりで作ったりしませんか？　これまで通級で身につけた「引き出し」を言語化し、フィードバックしたりはしないんですか？　賞状をあげるとか？

坂本　ああ、成果を残すという意味では、がんばったことを表彰するメダルみたいなのは渡すことがありますね。

阿部　通級期間もそうですが、見守り期間なんかでも、通級の先生と担任の先生の連携ってすごく重要ですよね。坂本先生はどうお考えですか？　何か連携で心がけていることってありますか？

坂本　公式につながるということをあらかじめ設定しておきます。担任の先生に必ずやっていただくことをお願いしておく。まずは学期はじめの時間割の調整のことと、もちろん子どものことを直接うかがう時間をとっていただくこと、夏休みには通級指導教室に出張していただきます。つまり在籍校の校長先生に、担任の先生を通級まで派遣していただくように申請をします。来ていただいてこちらでやっている様子(録画したもの)を先生に見ていただくようになっています。また、半年に一回学級での様子を記した報告書を書いていただくという決まりもあります。これらは義務ですね。後は直通の電話がありますから、何かあったら電話していただく、こちらも電話する。ということですかね。

ソーシャルスキルの指導のポイント

阿部　通級でSST的な指導をする場合、通常学級で般化するように、協力してもらう必要がありますよね。今、このような指導をしています、学校でぜひフォローしてほしいというような連絡をするのでしょうか？

坂本　どちらかというとその逆かもしれません。学校で課題になっていることを担任の先生に教えてもらって、つまり担任の先生が気になったこと、困ったこと、というのを情報提供していただくことが多いですね。

　SSTで扱う「ありがとう」でも「ドンマイ」「ごめん」でも、そういう適応的な行動は、担任の先生もお忙しいのでどうしても見逃してしまうんですよね。せっかくそういういい行動をしてもタイムリーにフィードバックが得られない、で消去されてしまうということはあると思います。残念ながら、獲得した技能の応用はうまくいかないことは多いですね。

阿部　そういう意味では、特別支援教育支援員さんが子どもの「ありがとう」とか「ごめんね」をキャッチしてタイムリーに褒めてくださいますよね。

　SSTの課題についてなのですが、坂本先生はその子の課題となるような状況を切り取ってイラストなどを作成し、設定を決めて、提示して、そのストーリーの中に出てくる登場人物の気持ちを考えさせたり、どう行動すればよいかを答えさせることがありますよね。その子の問題となるような場面だから、その教材をみて怒る、不快になる、というお子さんっていないですか？

坂本　あのね、「これってオレのこと？」って聞いてくることはありますね。でも気づかずにやっている子が多いです。

阿部　気づかないということは、振り返りにつながりにくいということですよね。

坂本　例えば、社会科見学に行ってわれ先に見たいものがあるとする、で、友だちを押しのけてしまう。友だちから「おい順番守れよ」と言われてしまった。それで腹が立ってその施設から外に飛び出してしまった。そのせいで、実は一番見たいシーンを見逃してしまった。すると後で、その子が先生に「なんで俺が見られないいんだ、お前が施設に頼んでもう一度その場面を見せろ」と先生に要求した、なんて場面。

阿部　さすがにそこまで細かいと気がつくかもしれませんが、この「気づく」と「気づかない」とが、SSTでは大きいポイントだと思うんですよね。

坂本　そうなんですよね。気づいた子の方が、もうそれほどのことはしなくなることが多いです。その課題を見て落ち込めるということは、生活につなげられる可能性が高いということです。

阿部　落ち込めるというのは、気づけたということですものね。「これってオレ？」って言われたときどう答えたんですか？

坂本　「えっ、何か似たようなことがあったの？」って聞きます。「実はね……」なんて話してくれる場合がありますよ。で、「そうなんだ。そういうときはどうしたらいいんだろうね?」って話すこともあります。

阿部 坂本先生はそこでそのテーマに切り込んでいきますか? お子さんに対して。

坂本 私はあまり切り込まないですね。無理をさせないというか。先生、心配しただろうね、とか示唆する程度ですね。

阿部 深追いしないということですね。後からそのテーマを別な方法で掘り下げるということはありますか?

坂本 それはありますね。まったく別のときに、別の課題として。

阿部 むしろ自分のことなのに気づかない子の支援が難しいですよね。

坂本 自分もやっていることなのに「ああ、この人、こんなことやってはいけませんね」みたいな、第三者的な感じ。でもね、本当に気がつかない子とね、なんとなく気がついている子はいますよ。とにかく、そこで「対処の引き出し」を増やしてあげておけば、今度は違う反応をしてくれる可能性がありますよね。「友だちがうまくいかなかったときに『ドンマイ』を言う」というテーマでやっていたら、実際にクラスで「ドンマイ」が言えた子がいました。すごく足が速い子がクラスにいて、でもクラス対抗リレーのときにバトンをうまくつかめずに落としてしまった。クラスメイトも見ていた保護者たちも「あーあ」と思わず落胆してしまったのだけれど、フローの子が「ドンマイ」と言えた。そして、その子が「ドンマイ」と言い続けていたら、クラスの子も「ドンマイ」と言うようになって、「ドンマイ」というふわっと言葉が広がっていった、という担任の先生の報告がありましたよ。

阿部　中学校への進学に向けての配慮というのはありますか？

坂本　中学校の場合、部活動なんかは難しいテーマになっていますよね。野球が好きだから部活動は野球を選ぶ、するとかなり本格的な野球部が多いから、しんどくなる。家族で温泉に行って卓球をやって楽しかった。家族に褒められた、それで卓球部を選んでしまうとかね。

フローでは六年生だけのグループで、中学校生活を知る、という活動があります。運動も一通りさせます。卓球させてみる。バスケットボールのドリブルをさせてみる。自分は上手だと思っている子もいる。うまくいかない体験をして「やっぱ科学部の方が合っているかな」みたいな。一方、運動部じゃなきゃいけない、みたいな思い込みの子もいますので、別の選択肢があるよ、と知ってもらうことですね。

阿部　そういえばフローを退級した子どもたちが、成長して、自分からフローに電話をして話しに来る、なんてことがありましたよね。

坂本　中学生、高校生になったお子さんが話しに来るというのはありますね。特に学期末にね。後は、保護者の方からご報告をいただくことはありますね。学期末に相談に来たり、報告に来ることもあるので、フローの場合、学期末ぎりぎりまで指導をするのではなく、そういう相談に備えて少し早めに指導を終わらせています。

阿部　子どもたちにとっては、保護者以外で、自分の特性や自分の歴史を知っていて、困ったら話を聞いてくれる大人の存在ってとても大切ですよね。大人に相談して「よかった体験」というのはすごく貴重で、それが「援助を求める力」につながっていく気がします。

file 9

「気になる子」のいるクラスの学級経営と集団指導

松久眞実
阿部利彦

現場に即した教員研修とは

阿部　松久先生とお話ししたいと思ってお願いしたのは、なんと言っても学校現場を知り尽くしていらっしゃって、現場の先生方の苦労をよく知っていらっしゃるからなんです。巡回相談などで通常学級の先生方に支援をお願いすると、「そうは言っても時間がないんですよね」とか「ほかの子も見なければいけないしね」っていう意見がたくさん出ますが、先生からは現場の先生方が「それ、やってみよう」と思えることを教えていただけるんじゃないかと期待しています。やんちゃな子どもたちも含めた「あったかクラス」をどう作っていったらいいか、ぜひヒントをいただければと思います。

松久　わかりました。お役に立てるかなー（笑）。

阿部　もちろんですよ（笑）。先生は以前指導主事もされていましたが、今でも大学内でお仕事以外で、やはり巡回相談とか、学校現場でのご指導をされていますよね。

松久　複数の教育委員会からのお仕事をさせてもらっています。中でも特に堺市は「特別支援教育推進リーダー事業」というのをやっていて、それは通常の学級の授業をどう改善していくか、通常の学級担任の指導力をどう向上させるのかという取り組みなんですね。今年で八年目です。

阿部 それは現場の先生を対象にした研修なんですね。

松久 そうです。通常の学級担任は、クラスを自習にして研修に出かけるのが難しいです。荒れているクラスならなおさらです。それで、年に何回か研究授業をするんですが、七、八割はビデオを使ってやっています。放課後に集まって研修をするので、子どもたちに自習させたり他の先生にクラスを任せたりして、研修に出かけるってことをしなくてすむ。そういった研究授業を組み込んだプログラムを、私を入れた一〇人程度のチームで検討してます。もちろん実際のライブの研究授業もやってます。

阿部 私も授業のユニバーサルデザインの研究で授業のビデオを見ることがあるんですが、ビデオの撮り方というか、どの方向で撮影するかも重要だと思っていますが。ビデオはもちろん固定ですよね？

松久 人手が足りないから、やはり固定ですね。

阿部 その場合はやはり教室の後ろから、黒板や教卓の方にカメラを向けますよね。先生や板書を中心での撮影でしょうか？

松久 そうですね。子どもの後ろ姿が映る感じで。

阿部 ということは先生の授業に関する指導ということになりますよね？

松久 そういうことになりますね。先生の授業力を向上させるのが一番の目的ですね。まずは学級全体の子どもたちが授業に食いついてきているかが大事になってきますね。診断がついているお子さん一人に焦点を当てるということより、クラス全体を視野に入れています。

阿部　それで授業を振り返るわけですけれど、私も悩んでいるのは、せっかく学級を開いて授業を見せてくださっているので、授業者の先生にたくさんヒントというか、お土産を残していきたいわけですが、どのような点に注意すれば、先生が「今日授業をやってよかった」と思えるような会議や研修になるのでしょうか？

松久　推進リーダー事業の研修の場合、私のほかに一〇人くらいの通常学級の担任をしている教員がチームになっているのですが、持ち回りで授業をするわけです。視覚支援、見通し、構造化、それと教師の立ち居振る舞い、目線の送り方、分かりやすい指示、しゃべり方、言葉の絞り方。そして阿部先生がおっしゃっている「人的環境のユニバーサルデザイン」に関係していると思いますが、信頼関係をどう構築するか、特別支援教育のハード面とソフト面の両面からいつも話をしています。他の先生方からも有意義なアドバイスをいただける研修です。

教師に必要な「演技する力」「レジリエンス」「保護者支援の力」

阿部　教師の立ち居振る舞いってとても大事だと思うんですけれど、具体的にはどのあたりをご覧になってますか？

松久 まず、学級がうまくいかなくなったとき、その原因を考えます。例えば私自身の経験ですが、私が子どもたちを興奮させていました。自分がばたばたしたり、しゃべりすぎたりと、子どもに刺激を与えていたということです。

阿部 なるほど。

松久 私は教室をばたばた歩いて、おろおろしていた。おろおろしてた、っていうのは、子どもたちが騒ぎだしたり、「先生ガラスが割れた！」とか言われて私も動揺するわけです。「えー、誰がやったんや?!」とか「また校長先生に言わなきゃあかんやん」とか「あー怪我してるやん」とかね。先生が軽くパニックになってる。すると子どももおろおろするわけですよ。学級担任は大きな船を操縦している船長さんなんです。船が傾きかけたり嵐のときに、担任がおろおろしたら、乗っている子どもたちはもっとパニックになる。だから私は演技するんです。おろおろせず「大丈夫！」って「安心して」って、子どもたちにメッセージを送るんです。

阿部 心ではすごく動揺していてもですね。

松久 もう心はめちゃくちゃパニック。でも演技する。昔はどうだったかというと、大声で怒鳴って力で押さえつけようとしていた。怒鳴ることは、すごく即効性があるわけです。怒鳴るとそのときはすぐ言うことをききます。でも大声で怒鳴っていると、ＡＳＤの子は先生になつきません。聴覚過敏なので大声が苦手です。また、家庭で大事にされていない子なんかは、親に怒鳴られているから、怒鳴る先生を親と重ね合わせてフラッシュバックして、そして反抗的になりますよね。

でも私はムキになって怒鳴っていましたね。これも失敗でした。

阿部　わかります。

松久　特別な個別支援が必要な子どもがいまやクラスに複数います。全国で、小学校高学年になると学級が成り立たないケースがかなり増えてきています。今や一つの学校で複数のクラスがつぶれている。そこに手の空いている教員が関わるんですけど、一つのクラスじゃないから、みんな疲れてくる。一部の研究者はクラスが落ち着いている段階で、次に個別の子どもに視点をあてて、って言うけど、現実はもっと厳しいです。

　現場の感覚では、そこまでまだいってない学校の方が多いと思ってます。みんな必死になって学級がつぶれないようにやっているというイメージですね。

阿部　なかなかそこを語れる研究者がいないので、まさに松久先生にご登場いただいたわけなんです。

松久　そういう荒れているクラスでムキになっている先生はかえってなめられます。だって面白いじゃない、先生がムキになるのって。

阿部　なるほど……。

松久　阿部先生も気になる子の周囲の四タイプでまとめておられるけど、あれですね。わざとASDのある子どもを刺激する子どもたち、「お前、靴ちゃんと履けや」「宿題出せや」「名札つけろや」って一応正論なわけ。一見まともなこと言ってるんです。そのASDのある子どもは、本当に上靴を履いてないし、宿題を出してないんです。そしてみんなにやいやい言われているうちにASDの子がキレて「うるさい！」とか物投げたりする。すると、周囲の子が私のところに来て「オレらまともなこと言っているのに、○○くんがキレました」とか言ってくるわけ。すごく巧妙に、うまくやる。ASDの子を怒らせるようにうまく刺激する。なぜ周囲の子がASDのある子を刺激するのか、というとASDの子がムキになるからです。ムキになるから面白い。同じように教師がムキになったら子どもたちは面白がる。家庭で大事にされていない子、二次障害的なものを抱えている子が、教師に仕掛けてくる。「あの先生また怒るで—」って。先生のおっしゃっている「ギャラリー」の子どもたちです。それで先生が怒ると「うわー、怒った！」って先生をバカにする。授業が遅れてちょうどいいわ、と勉強したくない子どもは喜ぶ。「もっとやれ！」ってなる。はやしたてる。

阿部 そうか、子どもがムキになるのも分かるけど、先生がムキになるのって、特定の子にとってはとても面白いんですね。高学年くらいになると、特に。

松久 そういう先生って子どもたちのペースに巻き込まれます。だから教師は自分の感情をコントロールする力が必要で、演技することも必要なんです。

阿部 若い頃お世話になっていた学校の先生が「教師は役者たれ」とおっしゃってました。

松久 教育委員会がよく教員採用試験の説明に来ます。「子どもが好きな人、熱意をもっている人、社会人としてのマナーをもっている人」を教師として求めているので採用試験を受けてください、って言うのです。でも、「それだけでうまくいくん？」と思っています。子どもが好きだ、って思って教師になったのに、失敗した先生たくさん見てきたもの。子どもから裏切られることはいっぱいあります。辞めていった先生方って、教育に情熱もってて、子ども思いの人もたくさんいました。心がきれいな人が心が折れてしまうことってありますよね。私が大事に思うのは、一つは自分の感情のコントロールができる人。教師やっていると腹が立つことがいっぱいあるからね。二つ目は心が折れないこと。

阿部　教師のレジリエンスですよね。

松久　そう。教師ってめちゃくちゃ敏感でも、鈍すぎてもだめ。子どもの気持ちが分からん、親の気持ちがわからん、これもだめですね。で、三つめが保護者支援の力。この三つがないと教師を続けられないと思っています。いくら採用試験に合格しても働き続けることはできません。

阿部　先生はどうして演技ができるようになったんですか？　もともとの素質ですかね。巻き込まれないようにしよう、と気をつけていても難しいじゃないですか。

松久　それは、自分のクラスがうまくいかなかったときの経験ですね。学級崩壊状態になったとき、私はすでにベテランでした。それまで自分としては学級経営に自信をもっていました。誰の助けも借りずに、自分で何でもできると思っていました。その学校には、愛着障害の子や発達障害の子がたくさんいました。今までのやり方が通用しなかった。新任の頃から「あったか言葉」とか「イガイガ言葉」とかの指導はしていました。それだけでは足りなかったということです。その困難なクラスで必要だったのは「静寂の時間を取り入れる」ということでした。

阿部　「おだまりモード」ですね。

松久　はい、言葉を減らすとか教室の刺激を減らすとか。そういうのはね、周りの先生を観察しながら考えてみたのです。「どうしてあの先生方のクラスは落ち着いているんだろう?」って尊敬できる先生方の共通点を洗い出したわけ。そうしたら「毅然としている、おろおろしない、怒鳴らない」だった。そして、子どもとも保護者とも信頼関係を構築されていた。そういう先生って授業もうまいです。

教師としての「立ち居振る舞い」が大事

阿部　松久先生が当時、観察したり、洗い出している間も、まだまだ学級は荒れていたと思うんですよね。どうして踏ん張れたんですか。

松久　それは、何人かの達人みたいな先生を真似ようとしました。例えば演技、自分は毅然としていない人間だから……。

阿部　それはとっても意外です。先生はいつも堂々とされているでしょう?

松久　あれね、めっちゃ演技。演技(笑)。

阿部　えー!　そうなんですか?

松久　私の素の部分を知っている友人は、例えば壇上に上がっている私のことを見て、「全然違う」って感じると思います。

阿部　教師は「素」で勝負するのではなく教師としての立ち居振る舞いが大事だということですね。なんとなく人間性というか、「生」の自分で子どもとぶつかっていくみたいな教師イメージもありますが、それでは厳しくなっている時代なのかもしれませんね。「おだまりモード」じゃないですが「教師モード」に変身しないといけないんですね。

松久　素のままで教師をやれたのは二〇年くらい前までです。子どもとわきあいあいとやれた時代もあったけど、そのままではどんどん教師がしんどくなる時代になってきています。いま私は大学で多人数の一般の授業と、三～四人の個別支援授業を担当しています。

阿部　大学版通級指導教室みたいな感じですかね。

松久　そんな感じです。どっちの授業も受けている学生が「先生、別人みたいです」って言ったのです。実は個別支援授業のときのモードが本当の私に近いんです。多人数の一般授業が秩序がなくなり崩れたら、その中の配慮を要する学生がしんどくなります。だから演技して踏ん張る。発達障害のある学生は、おしゃべりが多く騒がしいうるさい授業とか秩序のない授業だと調子が悪くなるんです。

阿部　ある自閉症のお子さんをもつ保護者の方が、「うちの子はクラスのリトマス試験紙です」って言ってくれたことがあります。

松久　そう、発達障害のある学生は、秩序がある授業かどうかのリトマス試験紙になっている。

阿部 大学での支援って、ご本人が希望すれば受けられるんですか?

松久 私は学生支援副センター長なのですが、その支援センターが窓口になってます。二つパターンがあって、入学前から保護者と共に希望を出しているパターン。でも半分以上は入学してから上がってくるパターンです。授業担当者から「グループワークが苦手な学生がいる」「あの生徒は実習でつまずいた」とかで話が上がってくることもある。不登校傾向とか、大学での友人関係がうまくいかない、単位取得できない、って本人や保護者から相談がくることもあります。

阿部 教員の方で「この学生さんは支援が必要」と思っても、本人が納得しないことってあるじゃないですか。どうやって個別支援につなぐんですか?

松久 ほとんどの支援ニーズの高い学生が、単位が取れないとか実習日誌が書けないとかで実際に困っています。そのピンチをチャンスに変える、ということで、学生の困っていることから相談、そして支援につないでいます。うちの大学は個別支援授業を受けると単位が取得できるので、それも大きいかもしれません。空き時間に「相談においで」と言っても遊びたいだろうし、バイトもあるだろうし。でも授業なら単位になります。もちろんそこで学び方の方略等もアドバイスする。ほかにもスケジュール管理の支援とか……だから、学生にとってはいろいろとお得なわけです。学生によってはカウンセリングを実施したり、まさにオーダーメイドですね。

阿部 それは手厚いですね。松久先生の支援を個別で受けられるなんて贅沢な気もします。ところで、少し話は戻りますが、どうやったら集団と個別で、教師としての演じ分けができますでしょうか。

松久　それは毅然とすること。毅然とするためには、まずは姿勢かな。いい姿勢をするよう心がけるって大事ですよね。あとおろおろしないこと、ばたばたしないこと。例えば、遠くの方で子どもたちがケンカしているとき、以前の私だったら大声で「やめなさーい！」って叫びながらばたばたと走って行ったと思う。そうすると周りの子たちが「びくっ」ってなるわけ。特に聴覚過敏のＡＳＤの子とかはびくっとなり先生をこわがります。先生がおろおろ、ばたばたしてたら、周りの子どもたちも「この先生には頼れない」ってなります。そうじゃなくて、もちろん急ぐけど、叫ばずに近くにさっと行って毅然と仲裁に入る。この人に任せたら大丈夫、って堂々とした頼れる教師になることです。そして子どもを安心させる。あとは言葉を減らすこと。個別な支援も大切なのですが、まず学級全体の秩序を最優先すべきです。先に個別に関わりすぎると、「もぐらたたき状態」になり学級が崩れてきます。全体をみすえた集団指導にとりくみ、まず安全で秩序のあるクラスを作るべきです。

阿部　先生方で不安の高い人ほど言葉が増えるってことがありますよね。

松久　阿部先生もよく書いておられるけど、ジェスチャーとか、非言語で、指導する、言葉を減らすと毅然と見えます。よくしゃべる人は毅然と見えません（笑）。

阿部　松久先生はご講演などで、「間」を大事にされていますよね。

松久　私は話し方を竹田契一先生から学びました。大学教員としても、どんな素晴らしい研究してても、相手にそれがちゃんと伝わらないとだめだと思っています。「間」を取ることで、子どもたちの中に先生の言葉の残響音が響くのです。早口でどんどんしゃべると、先生の言っていることが残らないで、頭の中から消えていくから。他には無駄な前置きを省いて例えば名詞から入るとか。

四月は勝負の月

阿部　先生のクラスが荒れたときなんですけど、職員室から授業で教室に行かないといけないけど行きたくないですよね。

松久　そういうときは、学校行くこと自体が嫌でしたもの。

阿部　ご自身が不登校になりそうなとき、どうやって自分を奮い立たせましたか？

松久　最後までしんどい一年でした。でも、休んだらもっと状況が悪くなるって思った。例えば、休んだら誰かケガするかも知れない。子ども同士のトラブルも起こるかもしれないし、保護者同士のトラブルもそれにつれて増えていく可能性があるし。だから、休めなかった。足ひきずりながら行きました。よかったと思ったことは、保護者が見守ってくれたことです。

阿部　それは何か事前の工夫をしていたから？

松久　一つには学級通信をずっと出していたからかもしれません。学級通信について言えば、出ことが得意な先生もいるし、そうでない先生もいます。手間もかかりますし。ただ四月から保護者と信頼関係をつむぐようにしてきたことは、保護者からクレームがなかったことに関係していると思います。保護者に「この先生ハズレ」と思われたら、それをひっくり返すのは難しい。昔の保護者は「この先生あかん」と思ってても「結構いいとこあるやん」って修復できたけど。今はゼロか一〇〇かみたいなところあります。

阿部　この書籍に掲載していますが、井上雅彦先生に保護者についてのお話を聞いたときに、教員の養成課程で、大学の授業に実際に保護者の方に来てもらって、話をしてもらうっていうのがありました。保護者対応など学ぶ機会がないから現場で困らないようにということでした。とても大事なことだと思います。保護者に自分を知ってもらって、応援してもらえるようにしておく、というのは現代の教師にとっては生命線になりそうですね。

松久　子どもが反抗的で、そのうえ保護者からも不満をぶつけられたら、私も心が折れてたと思います。毎週ミニテストしていたけど、保護者にきちんと予告していました。保護者は荒れたクラスになると、勉強の遅れを心配します。他には、こまめに電話していました。とにかく四月が勝負です。先生が一番忙しいのが四月ですが、残り一一カ月を大変にしないために、四月に力を注ぐことが大事。これを怠ると保護者対応で、時間をとられ他の子どもたちに手が回らなくなります。

阿部　四月は、具体的にはどこが勝負どころですかね。

松久　最初の授業参観、そして家庭訪問あるいは保護者面談かな。特に最初の参観は保護者が目を皿のようにして担任に注目しています。保護者は「うちの子はちゃんと座っているか」「手を挙げているか」「先生に声かけてもらっているか」を見ています。だから、みんなが手を挙げられるように授業を工夫します。

阿部　ああ、まさに授業のユニバーサルデザインですね。全員参加、みんな学習に向いて、みんな手を挙げて、って。保護者の協力を得るためにも授業のユニバーサルデザインは効果的なんですね。

松久　もしそこで保護者に「うちの子に恥かかせた」と思わせたら信頼関係は構築できません。例えば立ち歩いている子がいたら「この先生で大丈夫か」って不安になります。それで、誰でも手をあげるチャンス作るのに、発問を五〇問くらい考える。保護者に安心して帰っていただく、そういう授業参観にします。

阿部　誰かが必ず答えられるような、とっかかれるような発問を考えるわけですね。

松久　保護者は難しい発問か簡単な発問か、ということよりうちの子が手を挙げて、指名されて、うまく答えられるか、を見ているわけです。「見て、うちの子ちゃんと手挙げて答えてるわ」って思いたいのです。子どもが恥かかされたら、自分も恥かかされた気持ちになります。

あと、教師がつぶれないためには、同学年の他のクラスの先生たちとの関係ですね。

阿部　同じ学年の担任の先生といい関係かどうかですよね。

松久　休み時間になって、職員室に戻るとき私がため息つきながら「ああ、うちのクラスめちゃくちゃやったわ」って。そしたら同じ学年の先生が「お互い大変やな」「うちもひどい状態やったよ」って、声かけてくださった。

阿部　同僚の先生が共感してくれるんですね。

松久　そうそう。「うちのクラスはみなきちんとしている」って言われたら自分に指導力がないのかと思って落ち込みます。私の経験でも、教師の支え合いは大事でした。そして、いい先生ほど、きれいな言葉、耳にきもちいい言葉、例えば「丁寧に関わりましょう」とか「子どもに徹底的に寄り添って」という言葉に惑わされます。全体指導と個別指導は違います。個別指導のときはもちろん「その子の気持ちに寄り添う」「丁寧に関わる」ことが大事です。

阿部　それって心理寄りの言葉ですね。カウンセリングマインド。どちらかというとこれは個別の発想ですよね。

松久　全体指導と個別指導を同じ方法でやろうとすると無理が出てくる。私はいま通常学級と通級指導教室を同時に担当している立場です。それで分かったことがあります。ある発達障害の学生が授業のアンケートにこう書いてくれたました。「松久先生は教室をきちんとコントロールしている。そのおかげで安心して授業に参加できた。他の先生の授業では他の学生のおしゃべりが多くて（聴覚過敏があるので）とてもしんどい」って。コントロールって言葉はあまりよく聞こえないかもしれないけど。そして個別支援授業ではすごく優しく丁寧に、オンリーワンとして関わっています。

阿部　そういうメリハリがあると、「いつもはとてもこわい松久先生は私の前ではすごく優しい。私だけ特別扱いしてくれる」ってうれしいでしょうね。プラスの特別扱いですからね。なにか「ツンデレ」作戦みたいですね。

松久　そうそうツンデレ作戦(笑)。「この人こわそうだな」「ちょっととっつきにくいな」って印象の先生が一対一のときにめっちゃフレンドリーだったら「心わしづかみ」ですよね。

阿部　さながら「ギャップ萌え」みたいな感じ(笑)。

松久　反対はだめですよね。全体の授業で、一見物分かりがいい人に見える先生。「ああ、この先生やさしそう」とか。ところが子どもが言うことを聞かないとだんだん「こら」「立ってろ」って叫ぶようになる。子どもたちが「この人、なに?」って。このパターンがだめです。そこに気づいたのは自分のクラスが崩壊した後でした。

阿部　気づかせてくれたのは配慮を要する子どもたちだったわけですね。

松久　そうなんです。若い先生で子どもたちに好かれよう、好かれようとして「友だち先生」みたいにしたがる人がいるでしょ。でも、授業っていうのはフォーマルな場であくまでも教師と生徒なんです。そこの垣根をなくしちゃうと、最初はいいかもしれないけど、だんだんクラスがうまくいかなくなります。

けなげにがんばっている中間層の子どもたちを支援する

阿部　授業とかで、話し方の工夫ってありますが、先生はどういうところに気をつかっていらっしゃいましたか。

松久　大事なことを話す前に、聞かせたい話のポイントの手前で一呼吸おいて、ゆっくり話す。また、言葉と言葉の間に「えー」とか「おー」とか不要な言葉を入れないように気をつけています。この余計な言葉が入ると焦点がぼやけます。以前は、自分の授業を録音して、話し方を聞き直していました。早口で聞き苦しかったり、同じ言葉ばっかり繰り返したり、自分の癖は気づきにくいけど録音して聞き直してみたらいいですよね。聞くのは結構恥ずかしいけど。同じ指導案でも実際やってみると授業者によって全然違います。先生の持ち味というかカンとセンスというか。特に非言語の部分をどう鍛えるか、ということが大切です。

阿部　非言語、というと？

松久　授業中はなるべく笑顔をたやさないように心がける。反面、気になる行動、不適切な行動、大学だったらスマホいじったりする学生がいたら無表情にじっと見るかな。それでたいがいの学生は気がついてやめます。なるべくとるに足らないことで怒りたくないし、大声を出したくないから。ＡＤＨＤタイプの子どもはやいやい言われるのが苦手だから、非言語はとても役に立ちます。小言が多い先生はしつこいから、発達障害のある子どもは苦手です。

阿部　お互いうまくいかないですよね。

松久　小言を言わないように、叱ることを絞る。特別支援教育の視点でいろいろやるべきことは、たくさんあります。でも、なかなか先生方が取り組めないのは、とっても忙しいから。でも、叱り方や、話し方に気をつけるのはそんなに手間がいらないでしょ。先生方がやれることから提してかないと。ちょっと意識改革するだけでクラスは変わる。通常学級の先生も取り入れてくれそうな、あまり手間のかからないこと。私はもともと面倒くさがりだから、私ができることだったら皆できそうだなと(笑)。

阿部　松久先生のご著書『発達障害の子どもとあったかクラスづくり』(明治図書出版)などでもご紹介されている「森レベル」、「林レベル」そして「おだまりモード」。

松久　あまり手がかからないことで効果が出やすいことからとりくんでいく、専門家がいくら提案をしても、「結局しんどいだけだ」「子どものためと思っても限界がある」と思われてしまう内容だと、特別支援教育に興味をもってくれた通常学級の先生方が結局離れていく。

阿部　もし荒れたクラスを担当することになったら、どのあたりから手をつけたらいいんでしょうか？　私は荒れたクラスの中で、けなげにがんばっている子どもたちを支援するように学級介入してきたのですが。

松久　阿部先生がおっしゃるように、私も「中間層を味方につける」ことだと思います。ＳＳＴを取り入れるのも、支援の必要な子どもだけでなく、他の子どもたちがソーシャルスキルを身につけることによって、すべての子どもが過ごしやすく、居心地がよいクラスにするために取り入れるのです。阿部先生のおっしゃる「クラスワイドのＳＳＴ」が大事です。がんばっている子たちをいかに認めるか、褒めるか、勇気づけるか。堂々として中間層に「大丈夫」って笑顔で声をかけることです。

阿部　なるほど。

松久　他にも、例えば漢字ドリルの欄外に、漢字以外のことを褒めるコメントを入れる。漢字ドリルとか算数のノートは閉じて配ることが多いので、そこに「掃除がんばったね」とか「助かったよ」と書いておくと、子どもが楽しみに見てくれます。そうやってこっそり中間層の子を褒めて認めるわけ。あと、子どもと日記帳のやりとりもしていました。目立つ子は休み時間に私の周りに集まってくるけど、私にしゃべりかけられない子もいます。そういう子たちとつながれたのは、日記のおかげです。日記は少し手間がかかるけどノートとかドリルに、ちょこちょこコメント書くのだったらできると思います。

阿部　私が所沢にいた頃にお世話になった、当時の生徒指導担当の指導主事の先生が若い頃大事にしていたのが中間層の生徒たちで、けなげな、まじめな、おとなしい生徒が損をしないように、そういう学級経営を心掛けていたそうです。正義を通して、地道な取り組みをする子どもたちが満足できるようにと。

松久 その先生はどういう工夫をしておられたんでしょうか？

阿部 その先生はもともと図工美術の先生だったのですが、生徒たちが興味をもっていることを徹底的にリサーチして、子どもたちに声をかける。芸能人のことでも、流行りの文具とかでも。中途半端に知っているだけだと「知ったかぶりしちゃって」「無理しちゃって」ってなるので、しっかりリサーチされていたそうです。

松久 中途半端だと「すり寄ってきて、何？」ってなりますよね。

阿部 本当によく勉強して日常会話で「なんでそんなに先生知ってるの？」くらいまで徹底的に学んで、学生たちと会話する。生徒全員の好みをしっかり把握している先生でした。

松久 子どもの心をつかむのがうまいのですね。

阿部 あと、不良の子のメンツをつぶさないように配慮してあげてましたね。お家が苦しい生徒には、お子さんが小さいとき来ていたワイシャツ、お古だけどきれいなのをこそっとあげたり。今では通用しないかもしれませんが。

松久 阿部先生は気づいておられると思いますけど、自分の周りの学級経営が上手な先生はどんな取り組みをしているのか、そしてそれをどう若い先生に伝えていくか、ってことが大事だと思っています。

阿部 「若い先生がどうやって先輩の技を盗んでいくか」ですね。私は大学生のとき、菅野純先生に教わり、最初の職場では梅永雄二先生に出会い、次の職場では角張憲正先生に出会って、それぞれの「達人」から技を吸収してきました。その方々との出会いがなかったら私は今ここにいない。途中で辞めていたと思います。若い先生方には、貪欲に先輩や仲間から技を盗んでほしいですね。「身近から学ぶ」って大事ですね。

松久　ただ、ベテランが体もたなくてどんどん退職されているから、若い先生が盗む間もないって状況もあります。

阿部　それはしんどいですね。

松久　先生たちにもそれぞれキャパシティがあるし、先生自身が親に大事にされてこなかった、という場合もあるし。すごく時間がかかる人もいると思います。でも、今回話してみて、私が考えてきたことと、阿部先生のお話とずれていないっていうことは、普遍的なことなんじゃないかな、って思いますね。

阿部　私もそう思います。

松久　先生がしんどくなるのは、例えば阿部先生がおっしゃっている「影の指令塔」という子どもたち。こういう子たちは先生の気持ちを読むのが上手で、しかも先生をおろおろさせたい子どもたちです。先生を動揺させたら、ギャラリーの子たちからするとヒーローです。そしてそんな子どもたちは先生に対していくらでも失礼な言葉を浴びせることができる。「死ね」とか「先生やめろや」とか。でも教師はそんな言葉は言えません。だから言葉によって下手に主導権争いしたら負けます。だから「戦うんじゃなくて、毅然としている」ことが大事。そういう子どもたちのためにも、そして発達障害の子どもたちのためにも、おろおろしない、ばたばたしない、そして笑みを浮かべながら毅然と演技する。堂々とするってことよね。するとどの子どもも安心して、学級も落ち着くのです。

阿部　いやあ、本当に深い話でした。現場の空気を本当に感じるお話でした。

file 10

保育現場での「気になる子」へのアセスメントと支援

原口英之
阿部利彦

現在の巡回相談で感じる課題とは？

阿部　原口先生が幼稚園・保育園の巡回相談を行う中で、最近気になっていることはありますか。

原口　巡回相談で障害のある子や気になる子の支援を考えるときには、これまでは障害のある子の幼児期にはどんな支援が必要かという議論が中心だったように思いますが、障害の有無や、気になるか気にならないかにかかわらず「子どもである」という視点でその子の支援を考えることが大切になってきているように思います。

障害の支援をする専門家は、どうしても子どもそのものより、子どもの気になるところや障害の特性にフォーカスしやすい。一方で、保育者は「まだ○歳だよね」「この子ってこういうところがあるよね」とまずその子どもを見て、その子に育ちにくさや苦手さがあるという考え方をする。子どもをとらえるときの中心の置き方に違いがあるんですよね。

阿部　幼稚園、保育園は遊びを通じて、その子の全体をまるごと成長支援している感じだけれども、巡回相談では例えば自閉症のある子どもをどう扱っていくかといった、ある一部の問題行動だけに注目してしまうというところがありますね。小学校での支援も、問題行動など一部にフォーカスする傾向が強くなっています。

原口　そうですね。以前にも増して早くに障害特性に気づかなきゃいけないというような風潮が強いですから。特性に気づいて、特性に合わせて支援するのは早いに越したことはないでしょうけど、早く早くと言われれば言われるほど、従来の保育のゆったり感は薄れているように感じます。「もし障害があるなら早くに気づかないと」「小学校までに○○できないといけない」など、多くの保育者の焦りを強く感じます。

阿部　それは幼・小の連携のずれにも関係してきますよね。小学校からすると、ふたをあけてみたら幼稚園、保育園からの情報と実態が違っていたという話がよく聞かれます。幼稚園や保育園を責めるわけではないけれども、「その子にとってみれば成長している」というとらえ方をすると、小学校の先生方が気にするところになかなかフォーカスできない。

原口　それはあると思います。小学校から中学校への進学は、学区があるので地域の先生同士の接点が保障されていますが、幼稚園、保育園から小学校への進学は、さまざまな園に通う子が、さまざまな小学校に進学しますから、それぞれにつながることが難しいと思います。また、自分たちが送り出した卒園生が小学校でどうなるのかを生で見たり感じたりする機会もほとんどありません。それも、幼稚園や保育園が小学校に伝えたい情報と、小学校で知りたい情報にずれが生じる原因だと感じます。

一方、小学校の先生たちも、幼稚園、保育園でどんな保育がなされてきて、子どもがどのように成長してきたかという過程を知る機会はあまりなく、知っているのはせいぜい年長時の就学直前のクラスでの状態くらいです。年中・年少時の様子を聞いたり、もしくは園に見に行ったりするのは就学支援委員会の先生でもない限りほとんどない。もし可能であれば、地域の先生たちの交流を、例えば幼稚園、保育園の先生方が、小学校一年生や他学年の授業参観に行ったり、小学校の先生方が幼稚園、保育園で体験的な授業やレクリエーションを行い園児と実際に触れ合う機会を持つなど相互のやりとりがあると情報の伝達もしやすくなるのかなと感じます。これは、私自身が幼・小の連携について話す際によく提案することの一つです。

阿部　次に、個々の支援についてですが、引き継ぎシートを実践しているところは多いですよね。シートに入れてよかった項目、必要な観点はありますか。

原口　園から小学校へ情報として送られるのは年長時の情報が中心になると思いますが、発達の過程を見るためにも、一歳半、三歳などそれ以前の情報を含めていくつかの時期の様子がわかることが重要かと思います。小学校の情報でも、六年生の時だけよりは一年生のもの、中学年など段階的に得られるといいですね。例えば小学校で友だち同士のトラブルがあったとします。その子は、三歳くらいのときは人への興味とか関心とかが全然なくて一人でゆっくり遊ぶことが多かったが、年長時には人に少し興味を持ち始めて輪に入れたけれども、まだ十分にお友だちと関われていなかった。そういう過程を踏まえて考えると、いまの小学校での友だちとのトラブルの背景には、他者との関わりの芽生えという面も見えてきます。このような幼少時の発達の過程が情報として引き継がれていれば、現在起きているさまざまな行動の背景などをより豊かにとらえられるようになります。

阿部　保育園や幼稚園の先生は、小学校の先生より引き継ぎシートや巡回時の実態把握のシートを書き慣れていないと感じることはありませんか。

原口　感じることはありますが、それはまとめ方の観点の違いが大きいように思います。小学校の先生はテストや通知表など点数や評価によるまとめ方に慣れていますが、幼稚園・保育園の先生方はその日どんなことがあったか、保育者としてどんなことを感じたかという日々のエピソードを大事にしていて、その振り返りを通してその子どもを理解しようとしています。しかし、小学校の先生が引き継ぎで知りたいのは、「この日にこんなことがあった」というような日々のさまざまなエピソードというよりも、その子が集団活動に参加できるのか、先生の話を座って聞いていられるのか、友だちと年齢相応に関われているのかなど、子どもの客観的な状態なんです。

阿部　とらえ方の視点の違いがあるわけですね。

原口　そう思います。以前、私は幼稚園教諭や保育士(保育者)を対象に子どもたちのアセスメントに関する研修を行ったことがあります。例えば、友だちとトラブルになっている場合、どんな場面で、どんなやり取りがあって、どんなふうに収束したかというエピソードから、一週間で何回くらいトラブルがあったかといった回数などの客観的な指標で記録を残すことで、子どもの変化を感じてみようと研修しました。数カ月間の研修でしたが、その後に感想を尋ねたところ、回数などを記録に残すという作業は、エピソードを書くより、書く文字量は減ったはずなのに、精神的な負担は増えたと感じた保育者が多かったんです。エピソードを振り返る中で、子ども像を明確にしたり、子どもの状態を実態把握したりしていたのに、何となく要約して「今日はトラブルが一回だった」みたいにまとめることに心理的な抵抗があったからではないかと思います。職種によって子どもの見方やまとめ方、振り返り方自体が、異なるのかもしれません。

阿部　書き方とか視点とかシートの問題も見直す必要があるかもしれませんね。ところで事前シートは役に立っていますか。

原口　ケース・バイ・ケースというのが正直なところです。しかし、幼稚園、保育園の先生が書いていることに意味があると思います。シートにまとめる作業を通して、「こういうところを見ていく必要があるんだ」と学ぶ機会になったり、子どもの実態把握が深まったりといったメリットもあると思います。事前シートをどう役立てるかは、むしろ巡回相談を行う者に求められるスキルではないでしょうか。シートが書けていないから子どものアセスメントが進まないというのではなく、書けていないという事実から、保育者が子どもを理解できていないのかもしれない、まとめるのが苦手なのかもしれないなど、保育者のアセスメントにつなげればよいのです。

とはいえ、書いてある情報が少なければ、事前に子どものイメージは浮かびにくく、当日に情報を得なければなりません。情報が多い場合には子どもの実態把握が深まることもありますが、実際に観察に行った日に事前に把握していたようなエピソードが全く見られないこともあります。記載された情報と観察して得た情報がずれていたら、どうしてずれが起こったのか、先生と私とで子どもの見ているところがずれているのか、子どもが見せる様子が場面や日によって違うのかなどを考えるようにしています。

まずは当日に、先生と一緒にシートの記載を改めて見直し「シートの内容と今日の子どもの様子はどうでしたか」「知らない人が見に来たので、もしかしたら今日はいつもと様子が違ったのかもしれない」などと語り合います。そのあたりも情報として集めることで、子どもの理解が深まると思います。

巡回相談で大切にしている三つのこと

阿部　幼稚園、保育園の巡回相談を行うとき、どんなことを大切にしてますか。

原口　一つは、保育者に専門職としての自負を持っていただくことです。保育士は保育の、幼稚園教諭は幼児教育の専門家ですが、巡回相談員などの発達支援の専門職との関わりにおいては、素人と専門家みたいな関係性になってしまいがちで、自信がない保育者ほど専門家への依存や期待も大きいと感じます。保育者は保育や幼児教育の専門家であることを自覚し、その専門性に自信を持ったうえで、他の専門職と共に子どもの支援を進めていくというスタンスになってもらえたらいいと思っています。

二つ目は、保育者自身が上手に関われている場面とか、上手に子どもの力を引き出せているところを自覚できるようにすることです。巡回相談で「ここを直したほうがいい」とフィードバックすると、言われた保育者は「子どものここをもっと直さないと」と自身の力不足に感じてしまう。そうではなく、巡回相談員は保育者の取り組みのよさに気づかせて自信を育てることで、上手に関われていない部分を総体的に減らせるようにしていくのです。

阿部　取り組みのよさに気づいてもらう重要性は私も感じています。ですがその一方で、よさだけをフォーカスしていると保育者が課題に気づけないで終わってしまうのではないかと言われてしまうことがあるんですが、その点についてはいかがですか？

原口　その危惧はあります。そうならないためには、つまりしっかりと課題についても伝えられるようになるためには、巡回相談員と保育者が信頼関係を築くことが重要です。ただそれは一回だけの巡回相談では難しい。巡回相談の仕組み自体を見直し、年に複数回継続して実施できるようにする必要があると感じています。

阿部　私は、なかなか次に行けない場合は、学校のコーディネーターや管理職に「例えば○○を改善してもらえるとありがたいと考えています。今日は初めてなのでそこまで言いませんでしたが、管理職の視点でよきタイミングに伝えてもらえたらよいと思います」とお話ししています。

原口　それは現状のシステムで活かせるいい工夫ですね。そして三点目は、保育者と一緒に子どものアセスメントや理解を深めていく姿勢です。専門家がアセスメントして伝えたり、支援プランを伝えてやってもらったりではなく、アセスメントから支援プランを立てるときも保育者と一緒に考えるようにしています。その前提条件は、先述の「保育者が保育の専門家であるという自負をもつこと」。巡回相談は回数が限られますので、相談員は保育者自身が自己解決できるようなヒントを出し、考えてもらうような関わりをするとよいと思います。

以上のような支援を行うためには、保育者のアセスメントが欠かせません。保育者のタイプ、保育者同士の人間関係、園の雰囲気などをつかむことが大切になってきます。そういう意味でも巡回相談というのは奥深く、難しいですね。ものすごくいろいろな知識やスキルを求められるので。

阿部　保育者のタイプや得意なところをつかむために、アセスメントを重視されているのですね。

原口　保育現場の巡回相談は、障害のある子どもが園で生活するために必要な支援方法を保育者に指導したり、子どもの障害の程度や支援の必要性を把握して加配保育者をつける必要があるかどうかを見定めたりするために、専門家などが園を訪れるという面があると思います。しかし、今、私が行っている巡回相談は、保育者への研修など、保育者自身の成長に寄与する面が強いと思います。巡回相談員がアセスメントした子どもの特徴や、支援方法を保育者に伝えて支援をしてもらうのではなく、保育者自身がアセスメントして、自ら支援方法を考えることができるようになることを支援する感じですね。昔とは社会背景も変わってきていますから、巡回相談に求められていることも変化してきているのかなと思います。

保護者との共通理解を促す伝え方

阿部　巡回で受ける主訴の内容に傾向はありますか。

原口　問題行動への対応という主訴がとても多くなっています。私は、そのような主訴は、「行動していることが問題になっている」という見方と、「行動をしていないことが問題になっている」という見方に二分類できると考えています。例えば、友だちと遊べないという場面。友だちと喧嘩しちゃうことと、輪に入れないこととは、全然意味が違いますよね。行動をしていることが問題ととらえる先生と、行動をしていないことが問題ととらえる先生とでは、観点もアプローチも異なってくる。

また、保育園の一歳・二歳児のクラスでよく起こる友だちを噛むトラブル。これは「まだ言葉でうまく言えなくて噛んじゃう場合、どうしたら噛みつきをやめさせられますか」という主訴と、「どうするとこの子の言葉の発達を促せますか」というような主訴とがあると思います。私は便宜上、前者は困り感としての主訴、後者は願いとしての主訴と分類しています。ただ、どちらかというよりも、どちらもという両方の観点から多面的に考えていく必要があると思います。

阿部　どちらかというと保育者は、小学校の先生方より願いを持つ傾向が強い気がします。どうやったら言葉が増やせるんだろうかというような、何とか直すという。プラス思考というか。

原口 幼少期の問題というのは、やはり未学習というか、行動していないとかスキルを獲得していないことが理由で問題となっていることが多い。ですから、保育者としての気づきや願いも、子どもの成長に関するものが増えるのではないでしょうか。

阿部 願いの方が、保護者との共通理解もしやすいですよね。

原口 そう思います。「友だちとの喧嘩やトラブルをどうしたらいいか」よりも、「友だちと上手に遊べる遊び方をどのように育てていけるといいか」の方が共通理解しやすい。つまり、保護者とは、困り感ではなく、まずは子育ての願いを共通理解するとよいと思います。

言葉が上手に話せないといったとき、「話せない」ということを共通理解するよりは、「もっと言葉が増えてくるといいですね」と願いを共通理解しつつ、「では、どんなふうにしていったらいいか」を考えていくことを大事にする必要があるのかなと。保育者はそういうことを前提に持っておかないと、保護者との関係づくりに失敗してしまうのではないかと思います。

ただ、現実的には、保護者に園で困っていることや課題を伝えざるを得ない場合もある。そんなときには、覚悟を決めてではないんですけれども、事実を具体的に客観的に伝えることをお願いしています。保護者に子どもの問題を伝えるときは、オブラートに包みたいのが本音。しかし、なんとなく抽象的な言い方で、「友だちにけがをさせてしまいました」「なかなか友だちと遊べません」というふうな伝え方をしてしまうと保護者の不安を煽ってしまいます。事実をそのまま伝えるというのは言いにくいかもしれませんが、「友だちと、こういう場面で何をして遊んでいたときに、相手の顔のここを引っかいてしまったんです」など、客観的な事実を具体的に伝える方が相手にしっかり伝わると思います。

他にも、「みんなと遊べないんですよね」とか、「先生の話を聞いているのが苦手みたいで」というような伝え方ではなく、「朝のお集まりのとき、五分くらい説明をしているとどうしても席を立って部屋から出ていってしまう。そのときには、こういうふうに声をかけて戻すようにしているんです。少しそれで様子を見たいと思っています」と伝えるのとでは、保護者の受け取り方は全然違ってきますよね。前者はオブラートに包んでソフトな言い方で、伝える側は言いやすいかもしれませんが、相手とはかえって共通理解をしにくくなる。一方、後者の言い方は具体的すぎて、リアルすぎて傷つくかもしれないと思うかもしれないけれども、保護者にはきちんと伝わるはずです。このときには、単に子どもの様子を伝えるだけではなく、保育者として子どもにどう関わっているのか、今後関わろうとしているのか、も併せて伝えることが大切です。

大切なのは早期発見よりも、最適な時期に最適な支援ができること

阿部　幼稚園や保育園でトレーニングを進めていて、より専門性のある医療機関につなげて適切な支援を受けさせたいという場合、保護者のご協力が必要になってきますよね。そのあたりはい

かがですか。

原口　従来の支援は、その子に診断があるかないかが支援を決定づける一つの要因になっていたような気がします。診断を受けて療育センターにかかってという形でいくというか。今は診断前支援や発達支援というような言葉があるようにその子に診断がつくか否かにかかわらず、成長を支援するためにプラスαとして療育センターとか児童発達支援を使うというふうに、支援サービスの利用自体が柔軟になってきたところもあると思います。私自身は診断どうこうということよりは、発達支援としてつなげられるならば、診断がなくても支援につなげるというケースもありだと考えています。

言葉の遅れや、対人関係の苦手さの理由を突き詰めるというのではなく、よりよく成長していくために療育センターなどに通うのをアドバイスするという仕方もあります。ただ、そうするにはその子の評価・アセスメントが大事になるケースもあるので、まずは保護者に子どもの評価を受けることを進めるケースもありますね。その場合、担任保育者からではなく管理職の先生から保護者に伝えてもらったり、私自身が関わっている園では保護者と話す機会を設けてもらっているため場合によっては私から伝えたりしています。

中には、子どもの苦手さや問題を伝えるのを先送りにすることもあります。それは、伝えることでかえって保護者の子どもへの見方や関わり方が悪化するなどのリスクが考えられるケースです。保育園、幼稚園の先生方は小学校の入学までに、保護者に子どもの問題を理解してもらおうと思いやすく、なんとかして伝えようと思うかもしれないけれども、就学というのは一つの区切りというか、人生の一つのプロセスであって、子どもの成長をより長く大きなスパンで見ていったときに、園で伝えるのがベストではないケースもあると思うんです。

今は幼少期に発見という風潮があって、先送りはネガティブに思われてしまいますが、支援のベストタイミングは全員同じではありません。ライフステージを見据えて、訪れたタイミングに適切にステップアップしていけるようにすることが重要だと思いますね。

阿部 やはり早期発見にとらわれすぎているということでしょうか。

原口 そういう面もあります。成人で同じ障害のある方でも、幼少期に支援を受けて適応しているケース、学齢期に気づいて適応しているケースと多様です。幼少期に気づかなかったからダメとは言えないわけで、ライフステージでトータルに見ていかないといけないと思います。発見が遅れたからこうなったではなく、これまでどういう支援が行われたか。発見されたから支援が行われたのか、発見されなかったから支援が行われなかったのかも含めて検証すべきではないでしょうか。

そういう意味では、今後は子どもたちの適応状況をステージで区切って横断的に見るのではなく、どう成長していったかを縦断的に見ていく研究が進むといいと思います。例えば、この時期に気づいてこんな支援があって……ライフヒストリーでとらえる研究があるといいですね。

保育者から、「一歳半検診で気づかれなかったから」とか、「小学校の先生から『幼稚園（保育園）

で気づかなかったのか』と言われた」という話をよく耳にしますが、気づいた今、私たちにできることは何かと考える必要があるのであって、早い時期に見つけなかったことを責任転嫁していくのは違うと思います。気づいた人が、今のタイミングでできることが「早期の発見」や「早期の支援」であり、年齢が早いことがイコール早期支援とは言えないのです。また、その時期だけの支援ではなく、続けていくこと、つまり「早期の支援」というよりは、「早期からの支援」という視点をもつことが大切だと思います。

阿部 気づいたときに適切な支援を、という考えにシフトしないといけないですね。先ほど原口先生は、ご自身で保護者に伝えるケースもあるとお話しされていました、しかし、大半の市町村は保育者が伝えることになります。保護者から「うちの子は病気ですか」「障害ですか」と尋ねられたとき、保育者としてどのように対応すればよいのでしょうか。

原口 保護者からそういった質問を受けるときは、保護者に向き合わなければいけないというサインだと思います。原因がわからないことは不安だからはっきりさせたい。でも、はっきりしたらはっきりしたで不安になったり、傷ついたりすることもある。保育者はまずは「ご心配になられますよね」と保護者の気持ちをくみとり、そして「園では今○○をやっていて、今後△△していきたいと思っている。」「今後の支援のヒントになるかもしれないので、一度地域の□□センターにご相談されてみるのはどうかと思っています。私たちも一緒に保育で活かしていきたいと考えています」など、子どもの支援を一緒に考えていきたいというスタンスで提案するとよいのではないでしょうか。

その際に大切なのは、保育者が自分は子どもに対してどういう支援をしていくかという明確なビジョンや自信を持つことです。巡回相談員も同じですが、自信を持てていないと、保護者から質問を受けても質問や保護者の不安から自分が逃げてしまうことになる。自分が明確なビジョンを持っていないと、自信がないと、何を言っても小手先で、問題は改善しないと思います。

保育者も他の支援者も日々悩んでいるけれども、「□□センターという専門機関の先生が園に来てくれるので、一度話を伺ってみませんか」と共にあるというスタンスで伝える場合と、「一度専門機関に相談に行ってみてください」と一方的に紹介するスタンスでは、その後の保育者と保護者との関係性も、園での子どもの支援のあり方も変わってくる気がします。

阿部　同感です。もう一つ、保護者対応で困るのは、家庭でお母さんがお父さんに共有した際、お父さんから「気にしすぎだよ」「相談になんて行くことない」と言われる場合です。お母さんが揺れてしまうわけですが、我々もなかなか家庭の問題には関与できない。こういう場合どう対処したらいいんでしょうか。

原口　巡回相談員はお父さんと話す機会はもてないことが多いと思いますので、保育者から情報を聞くようにします。例えば、お父さんは保育参観や送り迎えなどで自分の子どもや他の子どもを見る機会があるかどうか、ふだんのお父さんの様子、保育者との関わりなどについてです。

なぜ情報を集めるのか、それは情報がないまま対応しても、何が最適かがつかめないからです。

情報を集め、相手の状態を踏まえたうえで対応する姿勢は大切だと考えます。

実は、発達支援の専門職と保育者との違いは、支援に必要な情報を得ようとする量ではないかと私は思っているのです。今ある情報で判断しなければならないこともあるかもしれませんが、不足している情報をどうやって集めたらいいかという姿勢がないのは危ない。なぜ危ないのかというと、先の見通しをもてないからです。

阿部　情報量は確かに弱いですね。

原口　例えば子どもの支援を考えるときに、保育者は、問題の原因を「○○なのかも」と推測したり、「きっと△△だと思う」など決めつけてしまったりするだけで、「保護者に家庭での様子を聞いてみましょう」「○○センターでの様子を見に行ってみましょう」など必要な情報を自ら集めようとできない。情報がなければ情報を集めること、どのようにすれば集めることができるのかを考えること、これがアセスメントには必要不可欠です。

保護者にどう伝えたらよいかという相談に関しては、「保護者にどうなってほしいのか」「保護者はどんな方たちか」「保護者に伝えるべき情報は何か」などをもっともっと考えなければならないと思います。

そして、どう伝えたらよいかということよりも、伝えられる関係性が築けているかが前提条件としてあることを保育者にはもっと自覚してほしいですね。幼稚園、保育園は送り迎えで顔を合わせたり、お便り帳で接する機会なども多いので、普段の関わりを大切にしてほしいですね。保護者との関係構築のチャンスは多いと思います。

親支援は、子どもを共に育てるという視点で

阿部　親支援の面で、保育者に大事にしてほしいことはありますか。

原口　親支援は、親を支援するというよりも、子どもを一緒に育てることと考えてほしいと思います。保育者の中には、働きながら子どもを育てる大変さを自ら感じておられる方もいらっしゃると思います。そのような保育者は、保育経験だけでなく、自身の子育て経験も活かし、「○○さん大変ですよね」などと保護者の気持ちに共感できるのではないでしょうか。その際、「○○君のお母さん」といった対保護者への支援と、「○○さん」という一人の大人、対個人への支援と、どちらの視点ももてるとよいですね。

担任の保育者は子ども中心に見ることが多いと思いますので、園長、主任などの管理職は保護者の支援の部分で関わるなど、園の中でバランスを取っていくとよいと思います。

子どもが成長を振り返り、次をめざせるような支援を

阿部　最後に、保育者は子どもにどんな支援をすればよいのでしょうか。

原口　幼児期の支援で大切なことは、大きく三点挙げられると思います。

一点目は「わかること」。これは、子ども自身がわかることを増やす支援です。

二点目は「できること」。これは子ども自身が何かを行うスキルを増やす支援です。

そして、三点目が「やりたくなる気持ちを持てること」で、私はこれが一番重要だと考えています。

幼少期の子どもは、元来いろいろなことに興味を持ち、何でもやってみたいという気持ちが強いと思うんです。わかるようになったり、できるようになったりしたことを、やりたくなることもありますが、「やりたくなる気持ち」が、「わかる」ことや「できる」ことにつながっていくということが多いと思います。

ですが、大人は子どもがわかることやできることを重視する傾向にあり、「やりたくなる気持ち」を軽視しているように感じることがあります。子どもが成功経験を積み、楽しんだり、満足できる環境や保育の場を提供すること、子どもを認めてあげることを大切にして、子どもの「やりたくなる気持ち」を育ててほしいと思います。

また、子どもが自身のできたことを実感できたり、自身の成長を感じられることも大事にしてほしいですね。ある保育者から、「子どもが遊びをなかなかやめられず、切り替えられない」という相談を受けました。その子は療育センターで自閉スペクトラム症の診断を受けていて、先生は特性に合わせて、絵カードを使ったり、遊ぶ前に「次は〇〇ですよ」、終わりの前には「あと〇〇でお片付けだよ」というように、子どもが先の見通しを具体的にイメージできるような工夫をされていました。私はその先生へ「『今日はここまで遊べたね』という声かけが、『じゃあ、また続きをやろうかな』と次につながることもあります。子どもが今を振り返られるような関わりをしてみてはいかがですか」とアドバイスしました。

大人はどうしても先のことを伝えたがり、「こうなったらいいね。そのためにここがんばらなきゃ」とゴールを示すやり方をするけれども、子どもが自分のできたことや成長を振り返る経験こそが次をめざす意欲につながると思うんです。ですからまずは、「ここまでがんばれたね」と、子どもと共感しあってほしいと思います。

阿部　「自己成長感」を感じてもらうわけですね。他の子との比較ではなく、こういうことができるようになってきたと感じることがその先につながっていく。次へのつながりを、小島道生先生は「時間軸」という言葉で説明されています。子どもは、振り返りをしながら自己成長感を感じるのだと。

原口　「時間軸をつくる」という保育、いいですね。私が携わるある園では、子どもたちが制作途中で自分の名前を記した「途中カード」を使えるようにしています。園によっては、ブロックでなにかを作り始めたと思うと、「はい、そろそろおしまいの時間ね。片づけましょう。次は○○するよ。」となりますよね。そしてまた、次の日も同じような保育活動を行っている。一日一日の保育が途切れているように感じます。例えば、「途中カード」を使うことで、「これはぼくが明日完成させたいから、ここまでで一区切り」となる。もちろん今日終わりにして、ブロックを崩してもいいと思いますが、その日の保育でしたことが明日の保育ですることにつながっていくことが「明日はこんなことをやろう」「ここまでやってみよう」と子どもの動機づけになるいい実践だなと思っています。

阿部　「崩す前にできた作品を写真に撮ろうか」と言うと子どもは喜びます。これも時間軸に関係するのかもしれませんね。

原口　そうですね。自分のできたことが目に見えるのは、次につながりますから。私たち大人も「がんばったな」「ここまでできたな」という気持ちが「よし、次もがんばるか」という気持ちにつながりますよね。これと同じで、「将来のためにいまは○○をやっておこう」だけでなく、「今日はこんなことができた」「ここまでつくれた」というようにして気持ちに一区切りをつけてから次へつなげることも大切ではないでしょうか。

保育現場での気になる子どもの支援では、先のことを考えていま支援する場面がどうしても多くなりがちですが、いま目の前の子どもが、いま、自身の達成感や満足感を感じられるようにすることを置いてきぼりにしないということが大切だなと感じています。

第Ⅲ部
「気になる子」の支援の基本に立ち返る

最後の第Ⅲ部では、いま一度、支援の原点に立ち返ります。

マニュアルや特定の支援技法・プログラム、さらには現在の特別支援教育やインクルーシブ教育にも捉われない、子ども理解のあり方について、「気になる子」やその周りにいる子どもたちとかかわる教師・支援者に必要な心得や哲学について、深く語ります。

file 11

子どもと家族を支援するための心得

角張憲正
阿部利彦

インクルーシブ教育の流れについて

阿部　まず、今の障害者差別解消法、インクルーシブ教育、この流れについて、先生は、どう思っていらっしゃいますか。

角張　インクルーシブについては、どう考えているかというと、これは以前、日本で学会発表があって、僕も行ったんですね。僕がフロアから質問したのは、あなた方のやっていることはダブルスタンダードではないかと。

どういうことかというと、日本の今までの障害児教育の系統があり、特別支援学校や特別支援学級が日本にしっかり根付いている安心感のもとで、今度はアメリカにならってインクルーシブ教育と言い出す、それはダブルスタンダードだとね。それはその人たちを責めているわけではなくて、アメリカの真似をしようとするからおかしいと言っているんです。

そもそもアメリカの小学校では、通常学級は一〇人から二〇人以内で学級運営をしているんですよ。一方、日本では二〇人から三〇人、あるいは三五人なんていう学級もあるわけで、そこにインクルーシブ教育を導入してクラス全員が授業をわかるようになんてことは無理だし、だからと言ってそこに支援者を入れればいいかというと、そういうわけにもいかない。本来の私たちが願うインクルーシブにはならないんです。

つまり、日本においては二〇人、三〇人のクラスでも、教科活動でないところで子どもたち同士の協力関係がとれればいいのであって、それを改めて学会あるいは教育委員会がインクルーシブという言葉を使って仕向けているのは、僕の目には嘘っぽく映ってしまうんです。

ここのところ運動会に行く機会がなくて残念なんだけど、運動会の組体操、あれ、日本中でやっているようだけど、ピラミッドとかすごく不自然な感じがしますね。小学校五、六年で五段のピラミッドを作ったりすると、一番下の子どもたちはきついよね。

阿部　数一〇キロの負荷がかかるといいますからね。

角張　そう、中学校で最高一〇段をやるところがあるけれど、二〇〇キロの負荷がかかるそうです。大人の満足のために子どもたちを利用するなよ、と思っちゃうんですがね。

インクルーシブにもそういうところがあって、もしその活動をするなら、一人ひとりの知的な能力と特徴だけじゃなくて、身体の問題も、家庭の状況も経済状況も全部把握したうえでやってほしいと思っているわけですよ。

例えば、運動がとても苦手な子の場合には、集団にどんな参加をさせるか、そういうことに配慮しなくてはならない。みんなでやりとげたと感じさせたいと教員が思っているのなら、必ずそのフィードバックをやらなきゃだめだと思います。

僕が関わったケースで、体が他の子より小さい小学生のお子さんがいました。その子は愛嬌があって、小学校六年生まではみんなと通常学級にいることができた。でも、中学校はどうするかという相談のときに、組体操ではどんな役割をやってどうでしたかと聞いたら、親御さんの方は、とてもうれしそうに参加できましたと話されたのに、子ども本人は、義理で仕方なく参加したという様子だったんです。学力や運動能力で絶対的に差がついているのに、宿題をみんなと同等にやりましょうとか、同じくらいの速さで走りましょうとかは、やらなくていいですよというのがインクルージョンの考え方です。インクルーシブ教育でも、そういう発想のもとに集団運営や人間形成というものを考えてほしいと思いますね。

ちなみに、僕の頭の中にある「共同」というのは、ライパチ君のいる野球チームなんですよ。

阿部　ライパチ？

角張　うん、ライトで八番打者のライパチ君。みんなが野球をやりたくても、全員がピッチャーで四番をやれるわけではない。それぞれ能力が均等ではないから。そのときに、僕はライトで八番を打って役割を全うします、ボールが自分の後ろにいかないように守りますと言ってくれる、そういう人が絶対必要なんだよ。そして野球というゲームをやるときには、審判も応援団もグラウンドの線引き係も、道具を運んだり片付けたりしてくれる人も必要なんだ。それぞれの役割でグループの人々に貢献できて、それによって集団が成り立っているという達成感を持って初めて、野球というゲームが成立するんだよという、これが実はすごく頭にあります、日本の教育も同じだと。

「同等一栄」という考え方

阿部 障害者差別解消法については、どう思われますか。二〇一六年に施行されましたが。

角張 障害者差別解消法、これは一過性で終わりそうな気がします。

阿部 一過性ですか。罰則はないですものね。

角張 日本の社会の中に「同等一栄《どうとうひとつえい》」という考え方があります。これは日本の漁村の発想で、船に酔う人、身体の弱い人、いろんな人がいるわけで、漁村に生まれたからといってみんなが船に乗れて釣りに向いているわけじゃないでしょう。でも、同等一栄というのは、みんなでやったんだから平等に分けましょうという発想なんです。漁を終えて、浜に奥様方や子どもたちが集まって来たときに、病気があっても、何らかの理由で参加できなくても、得たものをその共同体のみんなで分け合いましょうと。

だから、海に出たけどしけで魚がとれなかったというときもそれはそれで、みんなで小さく分け合う。ちなみにそういうところには、旦那さんやお父さんが海で亡くなって漁に出る人がいない家庭も必ずあるはずです。でもだからと言ってその人たちを村八分には絶対にしないんです。その人たちには同じ量ではないけれど、ハンデを持って魚を分け合うんです、そういう発想が日本には昔からあります。

つまり、そういう共同体の意識がある地域には、この障害者差別解消法という法律は不要だ、そう思っちゃうんです。

阿部　うん、うん。

角張　一方、資本主義はそうなっていない、とった者が勝ちだから。だから共同体の感覚が薄くなって、個人が利益を得るためには何をしてもいいんだという雰囲気になってしまった社会の中で法律だけを作ったとしても、浮いてしまって、しかも罰則もないから多分消えちゃうような気がしますね。

ついでに話をすると、二〇一四年から、改正障害者雇用促進法で障害者の雇用が一・八%から二%になり、罰則もできました。二%を達成しないと、二年後に企業名を出すと厚生労働省が言い、各地方の団体に指示を出して指導に入っています。

ある経営者が僕にメールをくれて言うのには、その圧力がすごいそうなんです。企業の今までの努力とか現場の苦労を全然知らない人から圧力をかけられ、こっちはただ戦々恐々とするだけだと。ある企業でいうと、サービス業なんですよ。サービス業だから現場にはなかなか出せないけれど、その裏方の仕事でパートを含めてすでに千人近く雇用しているというんです。それなのにさらに雇用率を上げなくてはならない。サービス業、観光業には相当厳しいそうです。

何か、上からの法律が施行されると、我々はみんなが平等で自由ないい社会が来るかのように思うけれど、実は平等と自由は対峙しているので、自由を強く言ったら平等にはならないし、平等を強く言ったら自由はなくなっちゃうんですよ。そこを我々は教育の中で、家庭の中で育んでいかなければならないと思います。

学力以外のいいところ探しをしてくれる人の存在

阿部　インクルージョンなどは誤解されて、「みんなを通常学級に」というような理解をされていることが多いですね。それで特別支援学校が敬遠されている面もありますが、就労支援をやっていた立場からすると、やっぱり特別支援学校を出た人のほうが、就職では明らかに有利です。通常学級から来た人は、非常に就労が難しい。

角張　そうです。

阿部　このまま、これが理想の教育だとしてインクルージョンでやっていくと、お金があるから就労が必要ないという家庭を除いて、大きくなっても何も身についていなくて就労できない子どもが増えるような気がしてしまいます。それを小・中学生のときから訴えると、実際にＩＱが三〇ぐらい伸びた子もいるとか、最初から無理だと決めつけるのは薄情だと言われちゃって、支援者としては恨まれてしまうのですが。でも、このままいっていいのか疑問です。

角張　最近僕が扱っている相談には、就学相談が多いんですよ。それでね、今の学校で満足しているかなとお母さんや本人と話しているうちに、「老婆心ながら言うけれど、Ａ君を見ていると将来の生業を何で取らせてあげたらいいかなということを考えちゃうんですよね」と話を持っていくんです。「就労先って、会社名や業種じゃなくて、どこで誰の支援を上手に受けて生活をしていけるのかってことです。教育の目標ってやっぱり『自立』で、自分のことが自分でできるのはいいのだけれど、もう一つには『共同、協力、参加』ということがあるんですよ」というふうに。この「協力」ということについて言えば、「この子は表情がいいし、人の話を聞くし、これは年長者に可愛がられる性質だなと思うんですよね」とか、「こういうしっかりきっちりやろうというこだわりのある子は、上司から非常に貴重がられる、口数少なく一生懸命に仕事ができるタイプだと思いますよ」と、言うんです。そういうことをイメージしたうえで、学校の選択の話に持っていくんです。

どこかでこの子はこの学校に満足していないな、疲れているな、あるいは、もしかしたら陰でいじめられているかもしれないなと思ったときには、環境を変えるということは必要だと思います。その環境が、今では特別支援学級と言ったり、情緒の中級と言ったり、通常学級と言ったりするわけです。「お母さん、Aくんは特別支援学校に行けなくはないんだけど、特別支援学校の先生は、彼を対象外だと言っています。この子は通常学級でも十分やっていけるかもしれないですよ」と、なる場合もあります。

ただそうは言っても、特別支援学校の方が職業訓練をしっかり受けられるので、職業を得やすいという実情があります。通常学級のお勉強で読んだり書いたりしたりすることは就労ではあまり強みになりませんよと僕らが言ってしまうと、それはかなり非難を受けて叩かれるわけだけど。必要なら勉強をすればいいと思います。でも、例えば、だまされないように銀行でお金の出し入れができるためには、計算機を使えばいいんです。漢字がわかんないときに、何回も何回も書かされると子どもの気力が持たないとしたら、それは辞書さえ引ければ、そのとき必要な漢字が読めるじゃないですか。あとは、履歴書が書ければもっといいです。そういう話なんです。

それから、親がなかなか「うん」と言わない場合は、また別のアプローチもありますね。僕らがたくさんの事例やたとえを知っていれば。つまり、他の子のケースではこういうことがありましたよ、という話を親御さんに伝えてあげるんです。

私の知っている子で、案外知識もあって分別もついていて、ただ、記憶は苦手だった子なんですけど、運動能力が高くて、サッカーが好きだったからサッカーをやるって言って、ある特別支援学校に行ったら、なんとスペシャルオリンピックに出ちゃったんですよ、なんていう話は事例として面白いでしょう。そういう参考になる事例をたくさん知っているってすごく大事なことだと思います。知的障害で運動能力抜群の子って、案外いるんですけど、学校の先生ってそのことをあまり評価しないんですよね。だから、そういうことを見極めてくれる人がいればいいですね。学力以外の、いいところ探しをしてくれる人が。

それから、いろんな就職先や職種をね、たくさん知っているといいなぁと思います。全国の地域に、いろいろな形でありそうな気がするんですよ。例えば地域の大きなお祭りのなんとか連、みたいな人の集まりがあるでしょう、そこに入って練習に加わることによって、たとえ本番に出られなくても、下働きのお手伝いをすることによって、大人たちが、君仕事をやってみない？　となるといいなあと思います。あと、農業が盛んなところでは、この作業に参加してもらいたいなというような依頼が来ればいいですよね、そういう情報をいっぱい持っていたいと思いますね。

よき隣人、行きずりの人としての支援者

阿部　次に、アメリカのペアレントトレーニングを日本に導入しようとしている人がいっぱいいるんですが、私は日本の文化に合わないと思うんですよ。それについてはどうお考えですか。

角張　先日、自治体主催のペアレントメンターの研修会に行った知り合いに、「角張先生どう思われます？」と言われました。彼にすると、すごく腑に落ちないと言うんですよ。つまり、役所を通して親の会その他があなた方にものを教えますよ、だからどうぞご相談ください、という上からの形が不自然だと。やっぱりアメリカのシステムをそのまま持ってきてしまったからというのもあるし、なんというかこう自然発生的なものとだいぶ違うなと。

昔、知的障害の親の会が発足した初期というのは、戦後なんだけど、自分の子どもたちの障害の原因もわからない、つまり先が見えないわけね。どうしたらいいだろうかと、学校ごとあるいは地域ごとに集まっているうちに、各地区で親の会が下から自然発生的に出てきたんですよ。

それで、実は自閉症の親の会もそうだったんです。自閉症の親の会の一番パワーがあった初期の頃の子どもたちはいま四〇過ぎから五〇前後ですが、その子どもたちのお母さんたちは、まず、知的障害の子どもたちのためには特殊学級があるのに、うちの発達障害の子どもたちは、精神障害と言われたり、知的障害を含むと言われたりしているけれど、学校の教育に専門的なものがないじゃないかと文部省に働きかけたんです。そこで出来上がったのが情緒障害児学級だったの。こうして全国規模で小学校に情緒障害児学級ができた。

そして次に、今度はこの子たちの仕事と生活の場を、と施設作りの運動をやっていくわけ。そういう流れでグループホームやケアホームもできていった。

さらに就労も誰か支援してくれますかとなってくると、だんだん親たちの会を維持するモチベーションってなくなってきちゃう。実は地域の人たちが自然発生的にやっているときが、親の会として一番機能しているんだよね。自分の子どもの大変さを互いに言い合って励ましあったり、慰めあったりして、精神的にも親御さんも我々も一緒に笑うしかないから笑いあってね、こだわりのないところでそうですよねと言えて、そのときの方が自然でよかったなと思います。

ところがペアレントメンターなんて上からの働きかけだと、利用しにくくなるんじゃないかな。しかも指導者は、親でも現場の先生でもなくてただの学者だからなとなっちゃう。ただの学者って、言い方は悪いですけど、科学者にとって当事者はあくまで研究の対象だからね。でも、人とか社会の流れってそうではないんじゃないかな、と思いますね。

ああ、それと、これは言っておかなければならないな。僕は「障害受容」という言い方はしません。お子さんのＩＱが低くて通常学級は無理なので障害受容してください、なるほど先生、特別支援学級にします、とはどんな親御さんも言いませんし、そんなことをさせようとするやり方は、失礼でしかありません。僕も若い頃、その言葉を初めて学んだ頃は障害受容は必要なんだと思っていたんです。ところが、実際に学校に行ったり保護者と会ったりするようになって、僕は全然障害受容を推さなくなったんですね。

阿部　なるほど。

角張　障害受容すると、子どもの能力とかに洞察が働いて子どもの生きる道が見えてきて、学校はここがいいだとか決められる、そんなのは幻想だと思ったんです。行動論の立場で言うと、やっぱり恐怖が先なんじゃないかと思うわけです。障害のある子どもの母親にとって、自分の夫や、夫の親、自分の親きょうだいに責任を問われることは恐怖なわけですよ。そうすると、私の子は普通ですと防御したくなるのが当たり前じゃないですか。それを心理学者が別世界から宇宙人のようにやって来て、あなたには障害受容が必要ですと言う。それは嘘だろうと。

要するに社会や家族の側が、障害があることは当たり前のことなんだと認めることが大事なんです。満月のように真ん丸で生きるのが当たり前じゃなくて、二八日周期の中で欠けている月の方が多いわけでしょう。そういうものと共に生活することが当たり前だとしたら、完全であることを必要が全くないわけ。不完全であるにもかかわらず幸せになることができる。不完全であることを表に出す必要はないけれど、それを心の中に留めておいても生活や人間関係が可能だから、つまり寿命を全うできる、というふうに考えたら、病名や障害名がなんであろうが全然構わないんです。それを、政府が言うのではなく、自分たちの地域の中で普遍化されていかないと難しいんだということを言いたい。障害が誰の責任かを問うたり、障害受容について拒否したりするような社会だったら、誰だって障害があることを拒否するでしょう。だから、障害受容すると人は変わったり、特別支援学校や支援学級に行くようになると思うのは大間違いだと思うんですよ。

もう一つ言えば、行政が障害受容とかインクルーシブとか言ってほしくない、と思います。じゃあどこが言えばいいの？　それは信仰だろうという話になっちゃうんです。私たちには欠けているものがあるにもかかわらず幸せになれる、という事例をたくさん持って証明してくれるところが宗教でしょう。例えば、お釈迦様はなんと言ったか。ある親が来て、子どもが一人亡くなり、寂しくなって悩んでいると話した。お釈迦様は、「わかった」と言い、あなたの周りの家庭で死人が出なかった家があったか、それを私に教えてくださいと言ったという話。つまり不完全であるということが娑婆なのであり、それを耐えていかなければならない。それを心理屋さんとか僕が言っちゃ言いすぎなんであって、それを言ってくれるのはキリストだったり、お釈迦様だったり、だと思っているんです。

そのときに、それをこだわらせたくない場合は、パラドックスアプローチというものがあります。これ、行動療法じゃないよね、認知療法だよね。僕は行動療法家だけど、やれるんです。逆説的なアプローチ。仏教なんかには実は逆説的なアプローチがありますね。

阿部　禅問答みたいなものですか。

角張　ううん、親鸞がそうでしょう、「善人なおもて往生を遂ぐ、いわんや悪人をや」と言うんですよ。これって、善人でさえも往生ができる、極楽に行けるんだから悪人はもっと楽に極楽に行けますよという発想なんです。「いわんや○○をや」、これは逆説的療法なんです。この説法が好きになっちゃって。僕は、行動療法の対象になる症状については行動療法を使うけれど、そうじゃないものについては、ほとんど認知療法を使うようになった。

それからパラドキシカルアプローチは、実は行動療法でも使います。例えば卓球やテニス。最初からサーブをやらないでスマッシュから教える。スマッシュで面白さを覚えたら、そのスマッシュが自分でうまくいったと思う感覚でもって、今度はサーブを覚える。アプローチが逆なのね。そういうのが行動療法的アプローチです。コーチングではそういうふうに使います。

お母さん方に対して使う場合はね、例えば「お母さん、自分は子どもを育てるのは下手だなと思っているでしょう」と聞くと「うん、思っています。どうしてうちの子は、自分の思うようにいかないのかと思います」、そういう答えが返ってくるのね。そのときに、僕は、「ちょっと待って、あなたね、前世で障害を持つ赤ん坊を育てたことある？　前世で経験があって学習したのに、この子が生まれて育ててみたらうまくいかないんです、っていうのだったらわかるけどさ。初めてのことであれもうまくいかない、これもうまくいかないっていうのは僕は普通だと思うよ。そうすると、うまくいかない自分を楽しむよりしょうがないと思うんだけど、どう思う？」って持っていく。これも逆説的な認知法です。

ついでに言うと、「思うようにならない子どもをこれだけ悪戦苦闘して育てていたら、あんた子育て下手ねと言われないと思うんだ。この努力を、例えば、仏さんという人が見ていてくれたら、よくがんばってるね、と言ってくれたりすると思うけどな」なんて言ったりもする。

阿部　そうか、そうすると評価してくれるのは周囲の家族じゃなくなるわけですね。神の世界。

角張　次元が違うところに持っていくんです。そういうアプローチをしていると、また先生と話したいんですと言って僕のところに来てくれる人もいる。そうやっているうちに僕も、自分の専門というのは何だろうかと、うん。原因や治療法もわからない障害のある子どもとその親のサポートをしたいなと思う。ただよき隣人というか、行きずりの人というか、そういう形でいたいなと。そういうふうに思っています。

技術を通して経験した自分の人生哲学を作ってほしい

阿部　話は少し変わりますが、昔、角張先生と一緒に働いていた頃、よく自転車でいろんな学校をまわって先生方と話し合いましたよね。もうあれから二〇何年たっているんですけど。

角張　もうそんなに経っているんだ。

阿部　私が言っても、角張先生が言っても、結局、先生は聞き入れてくれなかったということがいっぱいありましたよね。私がすごく悔しい思いでいると、「うん、阿部君、僕らよりもっと悔しいのは、お母さんだ。お母さんは、もっともっと悔しいだろう」とおっしゃいました。それを思ったら土下座でも何でもできるよねと。ああ、そうだよな、理屈で攻めたり、大きな声を出したり、先生との向き合い方を間違えていたな、と思いました……。あの経験は、今でも自分の支えになっています。

角張　そうそう、あったね。

阿部　そういうことがすごく勉強になりました。でも、あの頃の我々と同じように、今、学校コンサルテーションをやっている多くの支援者は、やっぱりいっぱい悔しい思いをしているんじゃないかなと思います。この人たちに、メッセージをいただけますか。

角張　メッセージ、いっぱいあるよ。

例えば、きれいごとを言えば、自分が水のごとく応用の効く人でありたいと思うよ。どういうことかというと、自分が川の流れのようになって、世間の苦しい人の汚れを受け持って、そういう人たちの汚れが消えるようなことをしたいなと。水の如くね。

それからもう一つ。これはちょっと、教育や心理の立場からは馬鹿にされる言葉だけれど、正気と邪気という言葉をよく使いましたね。保護者面接のとき、邪気を持っている保護者はすごくビリビリしていて、僕も邪気を受けてしまう。そんなときはうちに帰って風呂にでも入ってワーッと汗でもかかないと、邪気が次の日まで残っちゃうというのがよくあるんですよね。だから、僕のほうが正気であれば、その邪気を、意図しなくても自分で吸い取っちゃう形になっちゃうんですよ。そうすると、結果的に相手の邪気がとれるので少し楽にしてあげられる。それは学校の先生に対しても、保護者や子どもに対してもです。そういう潤滑油というか、媒介者としての役割をしているんだよと言ってあげたい。ただ、自分の方の健康をいつも傷つけられているから、いつでも邪気を受けられるような身体とメンタルの両方を持っていないと、自分が被害を受けてしまう。こっちは被害者じゃないよと、サラーッと構えていないと相手は変わらないと思っています。

それから、もっと言えば、僕らは、自らの人生哲学を持つべきだと思います。

阿部　うーん。

角張　あのね、スキルとか、教え方とか、ハウツー、それはいっぱいあふれているんですよ。だから僕は、今回の本もハウツーものに見えるけど実はハウツーじゃないよという思いがある。臨床心理の本も、特殊教育の本も技術だけしかないから、それだけしか、事実だけしか伝わらない。特殊教育で有名なある先生がいるんだけど、技術は教えても、どうやったら子どもと向き合って付き合えるかという、そこは教えてくれないんです。それも困るわけ。

技術を通して経験した自分の人生哲学をそこで作ってほしい。いろいろな悪戦苦闘は必ずあるわけであって、うまくいく方が少ないんだ。計画通りに三割もいったらいい方。うまくいかないとき、自分は何でこの仕事をやっているんだろうとか、自分はどうやったら能力を発揮できるのかとあがいているうちに自分の人生経験ができてくる。苦しいことからも逃げないで自分で受けとめることです。それで苦しいときは、みんなで分かち合う。そうやって悪戦苦闘しているうちに自分の人生哲学ができてくる、障害観ができてくるんだよ。そういう人生観を持った人たちだけが、こういうような仕事につく力を持っている。それはどうしても伝えていきたい、そう思っています。

おわりに――V3から来た男

『ズバッと解決ファイル』がまたまた帰ってきました。

講演会で全国にお邪魔すると時々、隠れ（?）『ズバッと解決ファイル』ファンに出会います。ある指導主事の先生は、いつも二冊のズバッと解決ファイルを持ち歩いており、現場で先生方にアドバイスする時のヒントにしてくださっているそうです。

また、「パート3も出るんですよね?」「次の表紙は黄色ですよ。戦隊ものでもゲッターロボでも、三人目は黄色ですからね」などと、期待の声も多数いただいてきました。

実は、第三弾にはかなり前から着手していたのですが、お忙しい先生方にアポを取り、対談させていただき、テープ起こしをするというのはかなり大変な作業で、何度か挫折しかけました。しかし、なんとか今、形にすることができ、私としてはほっとしているところです。

本書、そして講演会(ズバッとライブ)でもご協力いただいている「達人」の皆々様には、心より感謝申し上げます。また第三弾でも素晴らしい装幀とレイアウトデザインで私にパワーをくださった岡田真理子様、チャーミングなキャラクターの創造主＝べに山べに子様、そして、今回も奮闘してくださった守護者＝加藤浩平様、本当にありがとうございます。

これからも、子どもたちから多くを学び、子どもたちの目線でよりよい支援のあり方を検討していきたいと考えています。皆様と共に。

二〇一七年九月一六日

阿部　利彦

著者紹介

藤野　博（ふじの・ひろし）

東京学芸大学教育学部教授。
専門は、臨床発達心理学、コミュニケーション障害学。
子どもの頃好きだったヒーローの技は、
「ミラクルボイス」（少年ジェット）

梅永雄二（うめなが・ゆうじ）

早稲田大学教育・総合科学学術院教授。
専門は、発達障害臨床心理学、職業リハビリテーション学。
子どもの頃好きだったヒーローの技は、
「10万馬力」（鉄腕アトム）

小島道生（こじま・みちお）

筑波大学人間系准教授。
専門は、発達障害心理学、知的障害心理学。
子どもの頃好きだったヒーローの技は、
「スペシウム光線」（ウルトラマン）

阿部利彦（あべ・としひこ）

編者。

菅野　純（かんの・じゅん）

早稲田大学名誉教授。
専門は、臨床心理学、学校臨床心理学。
子どもの頃好きだったヒーローの技は、
「真空切り」（赤胴鈴之助）

川上康則（かわかみ・やすのり）

東京都立矢口特別支援学校主任教諭。
専門は、特別支援教育、
ケーススタディ（臨床研究）、感覚統合。
子どもの頃好きだったヒーローの技は、
「スカイラブハリケーン」（「キャプテン翼」の立花兄弟）

宇野宏幸（うの・ひろゆき）

兵庫教育大学大学院学校教育研究科教授。
専門は、発達の認知神経心理学。
子どもの頃好きだったヒーローの技は、
「三つ葉葵の印籠」（水戸黄門）

井上雅彦（いのうえ・まさひこ）
鳥取大学大学院医学系研究科臨床心理学講座教授。
専門は、臨床心理学、応用行動分析学、認知行動療法。
子どもの頃好きだったヒーローの技は、
「電磁エンド」（キカイダー）

坂本條樹（さかもと・じょうじゅ）
埼玉県所沢市立泉小学校　発達障害・
情緒障害通級指導教室「フロー」教諭。
専門は、教育心理学、学校カウンセリング、
生徒指導。
子どもの頃好きだったヒーローの技は、
「ぼく泣くもん、ピエ～（忍法鼓膜破り）」
「ピュンピュン丸」のチビ丸

松久眞実（まつひさ・まなみ）
プール学院大学教育学部教育学科准教授。
専門は、特別支援教育、学校心理学。
子どもの頃好きだったヒーローの技は、
「テクマクマヤコン」
（ひみつのアッコちゃん）

原口英之（はらぐち・ひでゆき）
国立精神・神経医療研究センター 精神保健研究所
児童・思春期精神保健研究部 研究員（臨床心理士）。
専門は、臨床心理学、応用行動分析学。
子どもの頃好きだったヒーローの技は、
「元気玉」（「ドラゴンボール」の孫悟空）

角張憲正（かくばり・のりまさ）
市井の心理療法家。
専門は、臨床心理学、現象学的心理相談法、学校コンサルテーション。
子どもの頃好きだったヒーローの技は、
「真空切り」（赤胴鈴之助）

編者紹介

阿部利彦（あべ・としひこ）

1968年生まれ。早稲田大学人間科学部卒業，東京国際大学大学院社会学研究科修了。専門は教育相談，学校コンサルテーション。好きなヒーローの技は、

「ヘル＆ヘブン」
（勇者王ガオガイガー）

東京障害者職業センター生活支援パートナー（現・ジョブコーチ），東京都足立区教育研究所教育相談員，埼玉県所沢市教育委員会健やか輝き支援室支援委員などを経て，星槎大学大学院教育実践研究科准教授。星槎大学附属発達支援臨床センター長。日本授業UD学会理事。日本授業UD学会湘南支部顧問。主な著書に、『決定版！　授業のユニバーサルデザインと合理的配慮』（編著，金子書房，2017），『クラスで気になる子の支援 ズバッと解決ファイル』（編著，金子書房，2009），『クラスで気になる子の支援 ズバッと解決ファイル　NEXT　LEVEL』（編著，金子書房，2012），『発達障がいを持つ子の「いいところ」応援計画』（ぶどう社，2006），『見方を変えればうまくいく！特別支援教育リフレーミング』（編著，中央法規出版，2013），『通常学級のユニバーサルデザイン プランZero2 授業編』（編著，東洋館出版社，2015）など多数。

クラスで気になる子の支援

ズバッと解決ファイル　V3　対談編

達人と学ぶ！ライフステージを見据えたかかわり

2017年10月28日　初版第1刷発行　　検印省略

編著者　阿部利彦
発行者　金子紀子
発行所　株式会社金子書房

〒112-0012　東京都文京区大塚3－3－7
電話　03-3941-0111(代)
FAX　03-3941-0163
振替　00180-9-103376
URL　http://www.kanekoshobo.co.jp

印刷＝藤原印刷株式会社
製本＝株式会社宮製本所

ISBN 978-4-7608-2415-1 C3037

Printed in Japan